# 유학생을 위한 한국 문화 읽기

## 저자 소개

**한강우**  중앙대학교 중국지역학 박사, 부산외국어대학교 한국어교육학 석사

중국사회과학원 아태연구소 방문 학자
現) 부산외국어대학교 중국지역통상전공 및 K-문화교육전공 교수
前) 문화일보 베이징 특파원
저서 『베이징 특파원 중국 문화를 말하다』 (공저, 2011), 서교출판사
　　『베이징 특파원 중국 경제를 말하다』 (공저, 2012), 서교출판사
　　『화(禍)는 언론에서 나온다 - 중국 언론 사용설명서』 (2014), 미래를소유한사람들


**오상민**  부산외국어대학교 한국어교육학 박사 수료

現) 일본 친제이가쿠인대학 다문화커뮤니케이션학과 전임 교원
現) KF 글로벌e-스쿨 한국어 강의 교원
前) 부산외국어대학교 한국어문화교육원 강사
前) 부산외국어대학교 국제학부 초빙 교원
저서 『남한 말, 부산 생활 - 북한이탈주민의 한국 사회 적응을 위한 언어문화 자습서』 (공저, 2021), 부산광역시


**김현아**  부산외국어대학교 한국어교육학 박사 수료

現) 부산외국어대학교 한국어문화교육원 강사
前) 부산외국어대학교 한국어문화교육원 연구원

# 유학생을 위한
# 한국 문화 읽기

**초판 1쇄 발행**  2025년 9월 1일

**지은이** 한강우, 오상민, 김현아
**펴낸곳** (주)에스제이더블유인터내셔널
**펴낸이** 양홍걸 이시원

**홈페이지** www.siwonschool.com
**주소** 서울시 영등포구 영신로 166 시원스쿨
**교재 구입 문의** 02)2014-8151
**고객센터** 02)6409-0878

ISBN 979-11-6150-553-4 13710
Number 1-580404-26262620-06

유학생을 위한

# 한국 문화 읽기

한강우, 오상민, 김현아 지음

S 시원스쿨닷컴

# 머리말

1997년 중국 국영 방송인 CCTV(China Central Television)에서 첫 선을 보인 한국 드라마 <사랑이 뭐길래(爱情是什么?)>는 '한류(韓流)' 드라마의 원조로 통한다. 재방, 삼방이 이어지면서 1억 5,000만 명 가까이 시청할 만큼 폭발적인 인기를 누렸다. 특히 '폭군'처럼 군림한 '대발이 아버지'의 권위적인 모습은 필자가 베이징 특파원으로 부임한 2008년까지도 중국 가정에서 아내 대신 저녁밥을 짓는 중국 남성들의 우상으로 회자되고 있었다.

한국 드라마로 시작된 한국 대중문화 신드롬은 한국 문화를 대변하는 한류의 중심이 되었다. 중화권에서 시작된 한국 대중문화 열풍은 소셜 네트워크 서비스(SNS) 등 디지털 미디어 환경을 기반으로 대중문화는 물론 한국의 순수 문화 예술, 음식, 한글, 한국인의 의식과 기질 등 한국 문화 전 영역에 걸쳐 동남아, 아시아, 아메리카, 아프리카, 유럽 등으로 확장되었다.

전 세계를 휩쓴 한류 열풍은 한국을 찾는 외국인들과 외국 유학생들의 발길을 부채질했다. 대학 캠퍼스 내에서 외국인을 마주치는 것도 흔한 일이 됐다. 법무부 자료에 따르면 '코로나 19' 팬데믹으로 잠시 주춤하던 한국 내 외국인 유학생은 2022년 16만여 명에서 2024년 26만여 명으로 2년 만에 10만 명이 늘어났다. 한국어와 한국 문화가 좋아서, 한국의 사회가 좋아서 한국을 찾아온 이들은 한국에 도착한 뒤 편리한 도시 교통, 사계절이 뚜렷한 환경, 한국인의 따뜻한 정을 느끼면서 한국 사회에 적응을 하고 있다.

하지만 한류의 커다란 물줄기를 따라 한국으로 건너와 한국어와 한국 문화로 성공하려는 그들의 꿈은 한국 사회에 대한 부적응으로 사회생활 곳곳에서 좌절을 겪고 있다.

외국인 유학생들의 한국 사회에 대한 부적응은 한두 가지가 아니다. 언어 소통에 대한 불편에서부터 병원 가기 등 긴급한 일상생활의 어려움과 정보의 제약, 한국 음식에 대한 부적응 문제, 아르바이트 과정 등에서의 차별 문제, 범죄 피해에 대한 두려움과 법적 보호의 문제 등 학교 밖 생활에서 겪는 어려움은 일일이 열거하기도 어렵다. 학교생활 역시 녹록지 않다. 동료 학생들은 물론 선후배, 교직원 등과의 대인 관계 설정 등 생소한 것이 한두 가지가 아니다. 모두가 한국인과 한국 문화에 대한 이해 부족으로 인한 어려움이다.

　이런 외국인 유학생들이 어떻게 하면 한국 사회와 문화에 잘 적응할 수 있을까. 결국은 한국인 의식과 기질, 그리고 다양하고 독특한 한국 사회와 문화를 이해하면서 풀어 나가야 한다. 이 때문에 유학생들을 위한 한국 문화 교재가 봇물처럼 쏟아지고 있다. 그러나 너무 전문적이라서 유학생들이 쉽게 이해하기 어려운 것이 대부분이다. 물론 유학생 입장에서 바라본 견문서 수준의 교재들도 있다. 하지만 전문가 입장에서 보면 이는 '목화 신고 발등 긁기'에 지나지 않는다.

　이에 외국인 유학생들에게 직접 한국 문화를 가르치고 있는 집필진들이 기존 한국 문화 관련 서적의 장점을 계승하고, 아쉬움을 보완하면서 새로운 내용과 범주의 한국 문화를 이해할 있는 교재를 준비해 왔다. 외국인 유학생들을 유치한 대학의 한국 문화 수업에서 활용할 수 있는 교재이면서 아울러 한국에 대한 막연한 관심을 가진 일반 외국인들을 위한 교양서 역할을 하기 위해서이다.

　따라서 본 교재는 구성 전체를 '한국'과 '한국인'으로 나누고 이를 다시 지리, 역사, 예술, 생활, 의식 등 세부 항목으로 분류해 한국과 한국인을 이해하는 데 필요한 내용을 충실히 담고자 하였다. 이 과정에서 사진 자료를 충분히 활용함으로써 단순히 읽어서 이해하는 교재가 아닌 보고 확인하게 하는, '백문이 불여일견(百聞不如一見)'처럼 한국 문화를 명쾌하게 이해할 수 있도록 하는 데 중점을 두었다. 특히 '한국인의 생활' 등 한국 문화 소개에서 소홀해지기 쉬운 현대 한국인의 의식과 기질, 그리고 서울 중심이 아닌 전국으로 흩어진 외국인 유학생들을 위해 지역 사투리와 음식까지도 세심하게 다뤘다. 한국의 전통문화에만 치중한 기존 교재들에 비해 신선하다는 느낌을 줄 것이다. 때문에 집필진들은 이 교재가 한국으로 지평을 넓혀 가려는 외국인 및 외국인 유학생들에게 큰 도움이 되었으면 하는 바람을 숨길 수 없다.

　이러한 교재 출간에는 교재 구성을 함께 기획하고 집필에 참여해 준 부산외국어대학교 한국어문화교육원 김현아 선생님, 일본 친제이가쿠인대학(鎭西学院大学) 오상민 교수님의 노력과 헌신을 빼놓을 수 없다. 깊이 감사드리면서 흔쾌히 출판을 맡아 주신 시원스쿨 관계자 분들에게도 지면을 빌려 고마움을 전하고자 한다.

2025년 8월
저자들을 대표하여 한강우 씀.

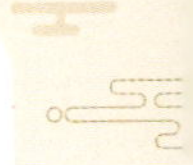

# 일러두기

 ## 다양한 주제, 실제적인 자료

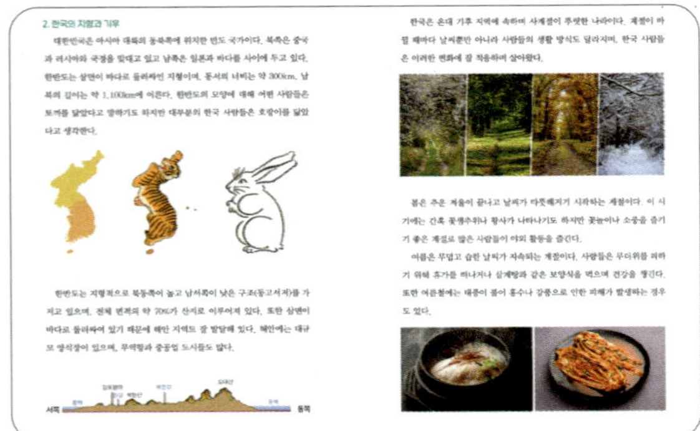

본 교재는 한국어를 학습하는 외국인 학생들을 대상으로 한국 문화 교육을 위해 제작되었다. 교재의 내용은 전통문화에서부터 현대 사회의 문화까지 다양한 주제를 다루고 있으며, 보다 실제적이고 구체적인 자료(사진)를 통해 외국인 학습자들의 한국 문화 이해를 돕고 있다.

## 학습 목표 및 주요 단어 제시

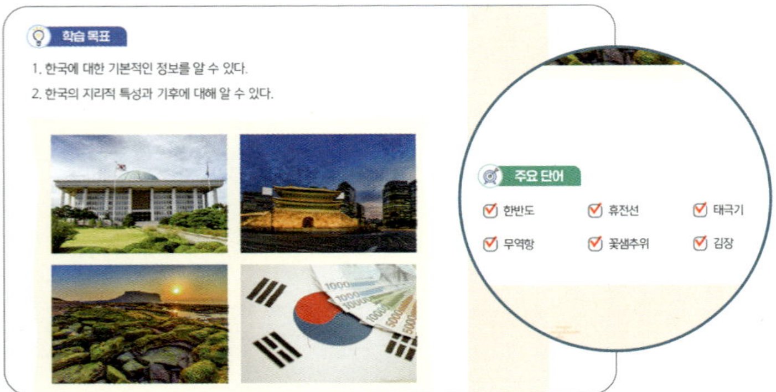

본 교재는 1강에서부터 12강까지 모두 12개의 주제로 구성되어 있으며, 각 과마다 학습 목표를 제시하여 학습자들이 공부해야 할 방향에 대해 안내하고 있다. 또한 주제와 관계있는 사진 자료 및 주요 단어들을 통해 배경지식을 형성하고 주제에 대한 이해를 돕고 있다.

##  단어 해설

한반도 '반도'는 육지 또는 대륙으로부터 돌출하여 삼면이 바다로 둘러싸여 있는 땅을 말한다. 따라서 이와 같은 한국의 지형을 '한반도'라고 부른다.

음과 양 음양은 세상의 모든 것을 만들어 내는 상반된 두 가지 기운을 말한다.

동고서저 '동쪽이 높고 서쪽이 낮다'는 의미로 한국의 지형은 대체로 동쪽이 높고 서쪽이 낮은 편이다.

꽃샘추위 이른 봄철의 날씨가 꽃이 피는 것을 시샘하듯 일시적으로 갑자기 추워지는 기상 현상

본문에서 가능한 쉬운 단어를 사용하여 한국 문화를 설명하였으나, 각 과마다 <단어 해설>을 통해 따로 제시하여 주요 명칭 및 전문 용어에 대한 이해를 돕고자 하였다.

##  풀어 봅시다

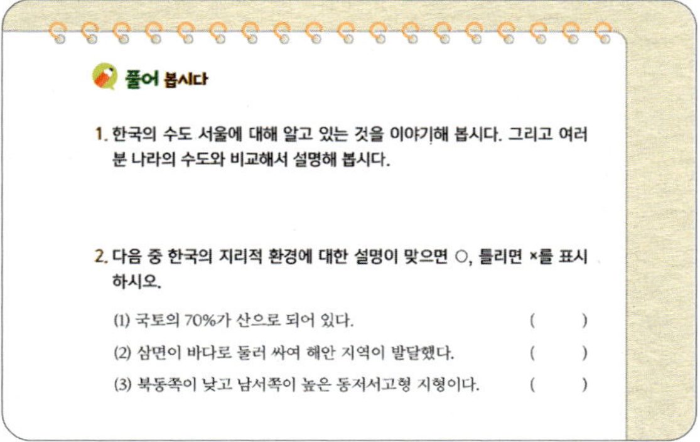

1. 한국의 수도 서울에 대해 알고 있는 것을 이야기해 봅시다. 그리고 여러분 나라의 수도와 비교해서 설명해 봅시다.

2. 다음 중 한국의 지리적 환경에 대한 설명이 맞으면 ○, 틀리면 ×를 표시하시오.

   (1) 국토의 70%가 산으로 되어 있다. （　　　）

   (2) 삼면이 바다로 둘러 싸여 해안 지역이 발달했다. （　　　）

   (3) 북동쪽이 낮고 남서쪽이 높은 동서서고형 지형이다. （　　　）

학습한 내용을 확인할 수 있도록 각 과마다 주제와 관련된 복습 문제를 제공하였다.

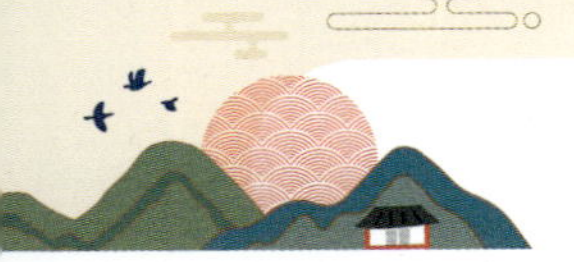

# 차례


▪ 머리말     04

▪ 일러두기     06


## 제1강　아름다운 나라, 한국


1-1 　한국의 지리적 환경     10

1-2 　서울과 부산     15


## 제2강　한국의 역사


2-1 　한국의 과거와 현재     22

2-2 　화폐 속 인물     29


## 제3강　한국의 옷


3-1 　아름다운 한복     36

3-2 　한복 입기와 절하기     40


## 제4강　한국의 음식


4-1 　김치     46

4-2 　지역별 유명한 음식     49


## 제5강　한국의 집


5-1 　한옥에 담긴 과학 원리     58

5-2 　온돌     63


## 제6강　한국의 예절


6-1 　한국인의 생활 예절     68

6-2 　선물 문화와 기피 문화     76

## 제7강    한국의 음악

| 7-1 | 한국의 전통 음악 | 84 |
| 7-2 | K-POP과 아이돌 | 87 |

## 제8강    한국의 언어, 한글

| 8-1 | 한글의 특징 | 96 |
| 8-2 | 지역 방언과 사회 방언 | 100 |

## 제9강    한국의 문화유산

| 9-1 | 한국의 세계 문화유산 | 106 |
| 9-2 | 한국의 세계 무형 문화유산과 기록 유산 | 111 |

## 제10강    한국의 국경일과 기념일

| 10-1 | 국경일 | 120 |
| 10-2 | 기념일 | 122 |

## 제11강    한국인의 일생

| 11-1 | 출생과 성장 | 128 |
| 11-2 | 관혼상제 | 131 |

## 제12강    한국인의 생활

| 12-1 | 한국인의 연애 | 142 |
| 12-2 | 선호하는 직업 | 145 |

## 부록    <풀어 봅시다> 정답 및 모범 답안    151

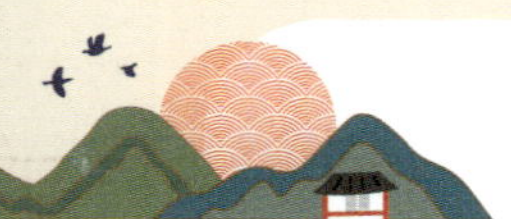

# 제1강

# 아름다운 나라, 한국

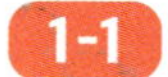 **1-1** 한국의 지리적 환경

## 학습 목표

1. 한국에 대한 기본적인 정보를 알 수 있다.
2. 한국의 지리적 특성과 기후에 대해 알 수 있다.

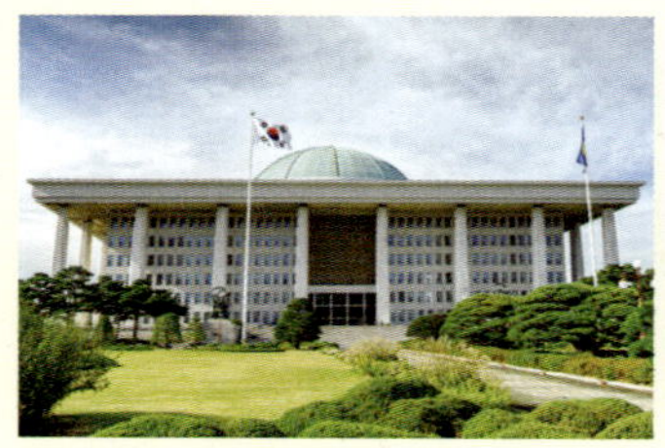
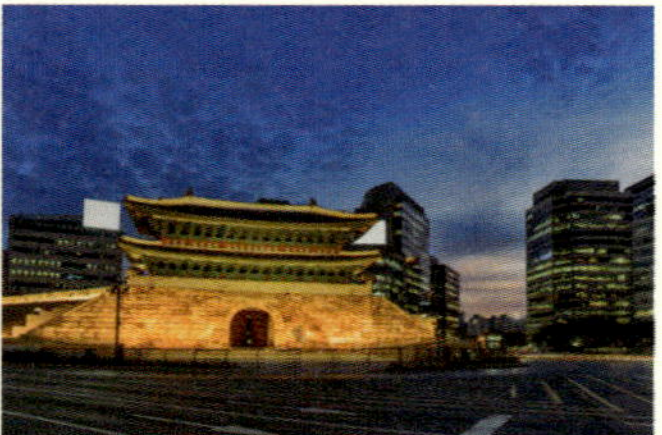
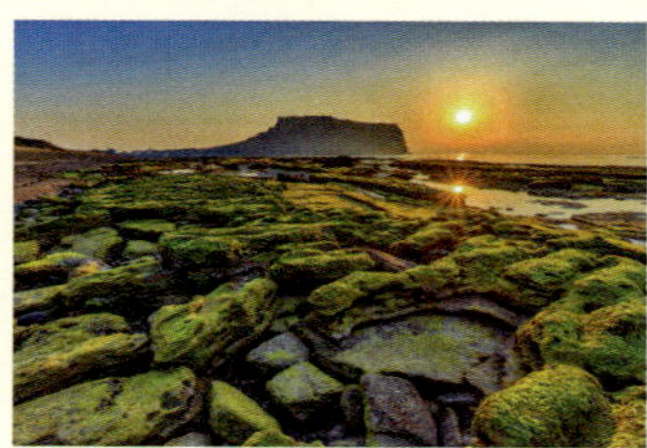
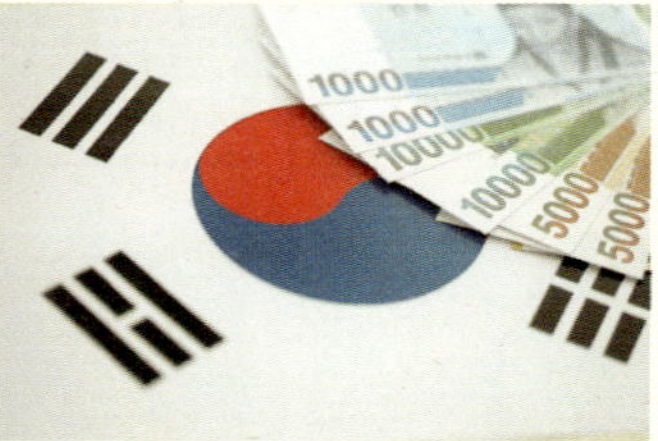

## 주요 단어

- ☑ 한반도
- ☑ 휴전선
- ☑ 태극기
- ☑ 무궁화
- ☑ 무역항
- ☑ 꽃샘추위
- ☑ 김장

# 1. 한국

　한국은 아시아 대륙의 동쪽 끝, 한반도에 위치한 나라이다. 한반도는 휴전선을 기준으로 남한(대한민국)과 북한(조선민주주의인민공화국)으로 나뉘어 있다.

　남한의 면적은 약 10만㎢로 북한보다 조금 작고 2025년 기준 인구는 약 5,200만 명, 북한은 약 2,600만 명으로 추정된다. 한국(남한)은 세계 13위의 GDP(국내 총생산)를 기록하고 있으며, 언어는 한국어를 사용한다.

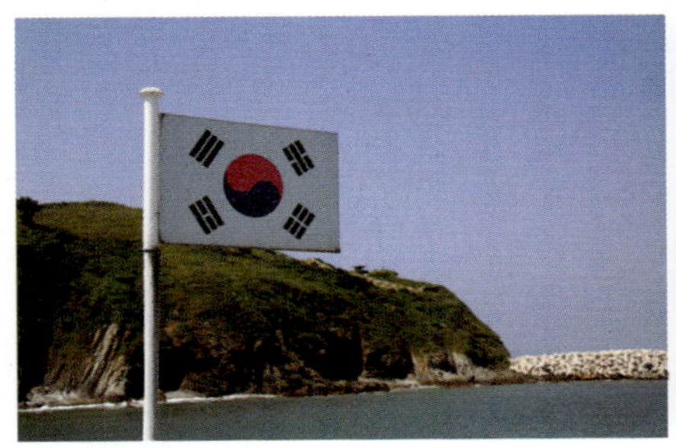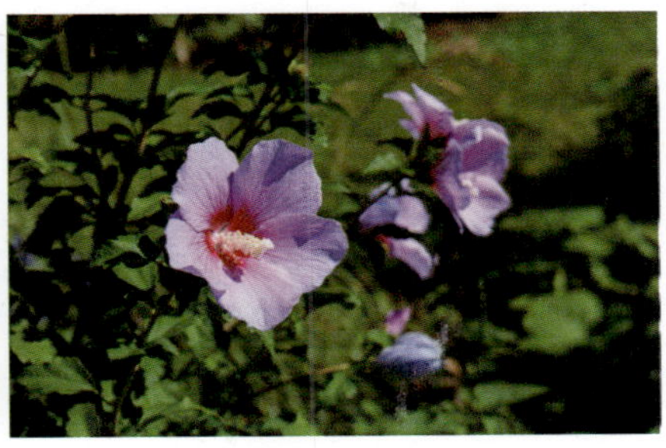

　한국의 국기는 태극기이다. 태극기의 흰색 바탕은 밝고 순수한 한국 민족의 성격을 나타내고 가운데 있는 태극 문양은 음(陰)과 양(陽)의 조화를 뜻한다. 네 모서리에 있는 검은 줄무늬(4괘)는 각각 하늘, 땅, 불, 물을 상징한다.

　한국을 대표하는 꽃은 무궁화이다. 무궁화는 옛날부터 한국 사람들에게 매우 친숙한 꽃이었으며, 계속해서 피는 꽃이라는 뜻을 가지고 있어 '지지 않는 꽃'이라고도 불린다. 이러한 의미 때문에 무궁화는 한국인의 끈기와 인내심을 상징하기도 한다.

## 2. 한국의 지형과 기후

대한민국은 아시아 대륙의 동북쪽에 위치한 반도 국가이다. 북쪽은 중국과 러시아와 국경을 맞대고 있고 남쪽은 일본과 바다를 사이에 두고 있다. 한반도는 삼면이 바다로 둘러싸인 지형이며, 동서의 너비는 약 300km, 남북의 길이는 약 1,100km에 이른다. 한반도의 모양에 대해 어떤 사람들은 토끼를 닮았다고 말하기도 하지만 대부분의 한국 사람들은 호랑이를 닮았다고 생각한다.

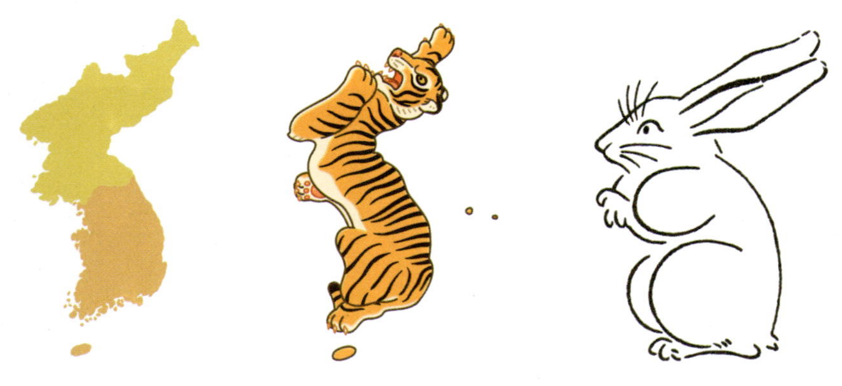

한반도는 지형적으로 북동쪽이 높고 남서쪽이 낮은 구조(동고서저)를 가지고 있으며, 전체 면적의 약 70%가 산지로 이루어져 있다. 또한 삼면이 바다로 둘러싸여 있기 때문에 해안 지역도 잘 발달해 있다. 해안에는 대규모 양식장이 있으며, 무역항과 중공업 도시들도 많다.

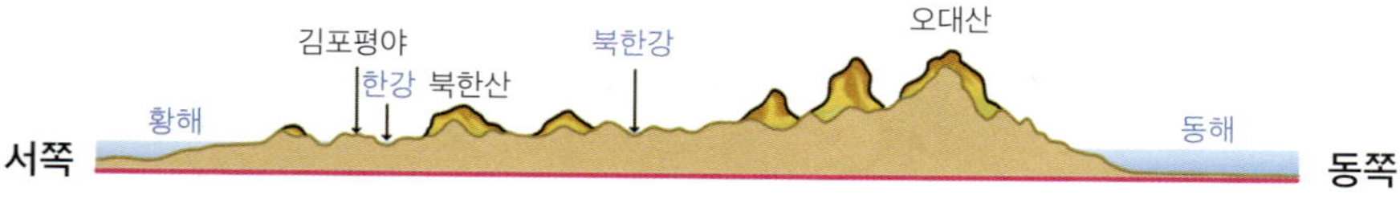

한국은 온대 기후 지역에 속하며 사계절이 뚜렷한 나라이다. 계절이 바뀔 때마다 날씨뿐만 아니라 사람들의 생활 방식도 달라지며, 한국 사람들은 이러한 변화에 잘 적응하며 살아왔다.

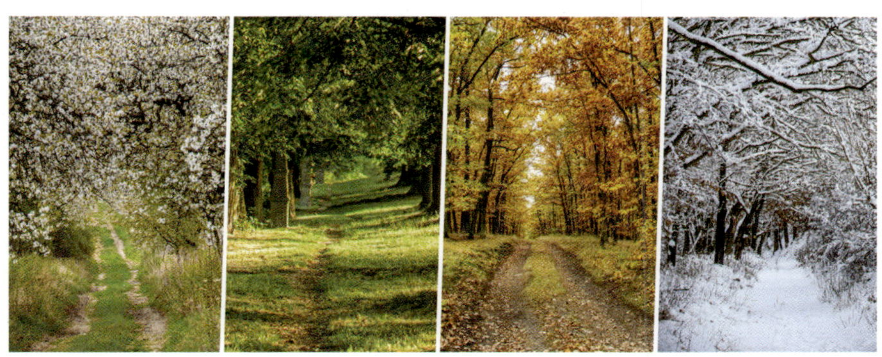

봄은 추운 겨울이 끝나고 날씨가 따뜻해지기 시작하는 계절이다. 이 시기에는 간혹 꽃샘추위나 황사가 나타나기도 하지만 꽃놀이나 소풍을 즐기기 좋은 계절로 많은 사람들이 야외 활동을 즐긴다.

여름은 무덥고 습한 날씨가 지속되는 계절이다. 사람들은 무더위를 피하기 위해 휴가를 떠나거나 삼계탕과 같은 보양식을 먹으며 건강을 챙긴다. 또한 여름철에는 태풍이 불어 홍수나 강풍으로 인한 피해가 발생하는 경우도 있다.

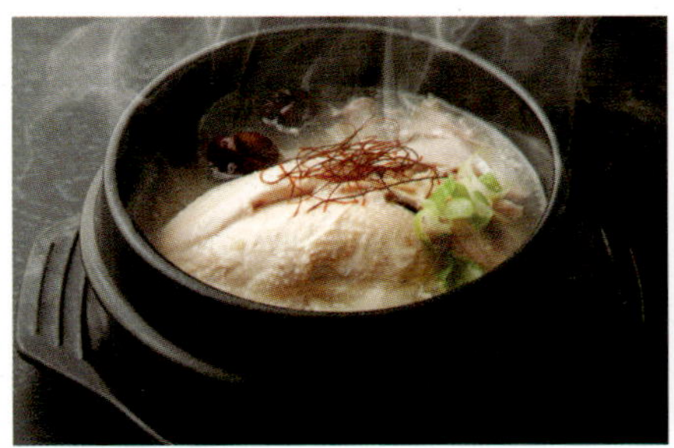
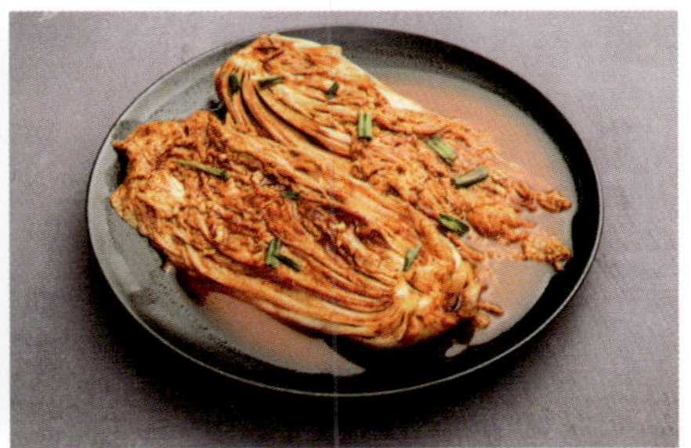

가을은 날씨가 시원하며, 하늘이 높고 맑은 계절이다. 농산물이 풍성하게 수확되는 시기이기도 하여 '천고마비(하늘은 높고 말은 살찐다.)'의 계절로 불린다. 풍요로움과 함께 야외 활동을 하기에 좋은 시기이다.

겨울은 춥고 건조하며 눈이 자주 내리는 계절이다. 이 시기에는 식물이 잘 자라지 않기 때문에 한국 사람들은 가을에 채소를 말리거나 김장을 하여 겨울 동안 부족한 영양을 보충하는 전통을 이어 왔다.

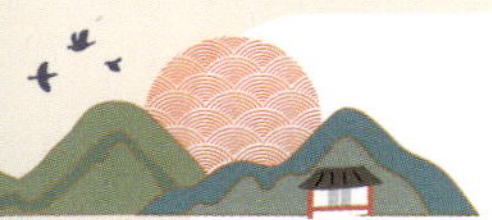



# 아름다운 나라, 한국

**1-2** 서울과 부산

## 🔆 학습 목표

1. 한국의 수도에 대해 이해하고 설명할 수 있다.

2. 서울과 부산 지역의 특색에 대해 이해할 수 있다.

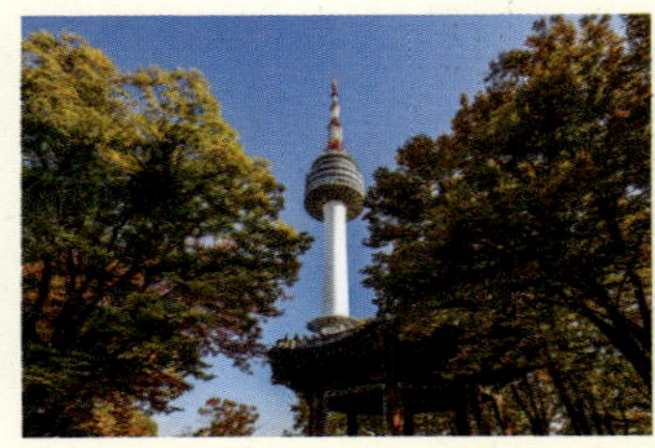
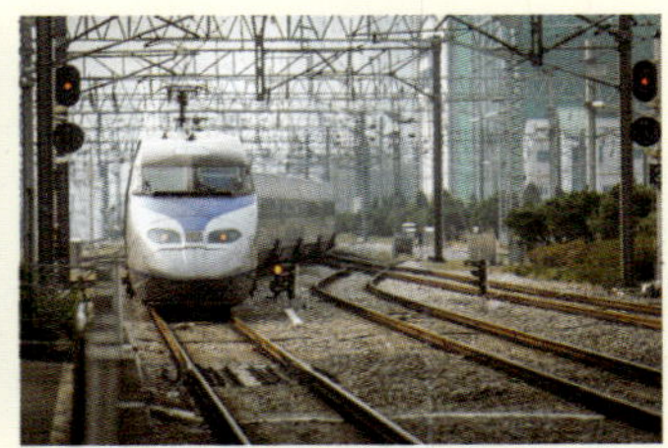
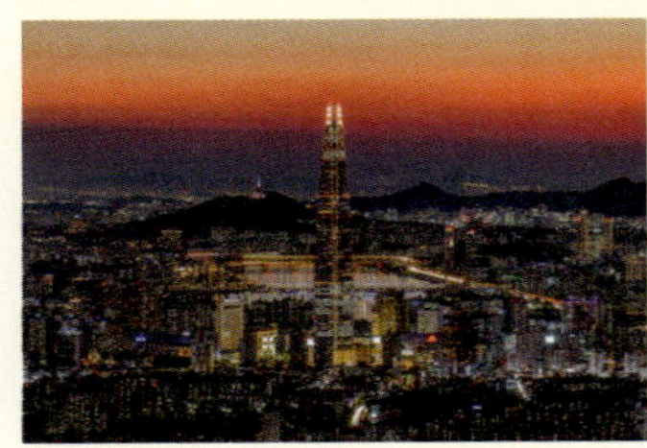
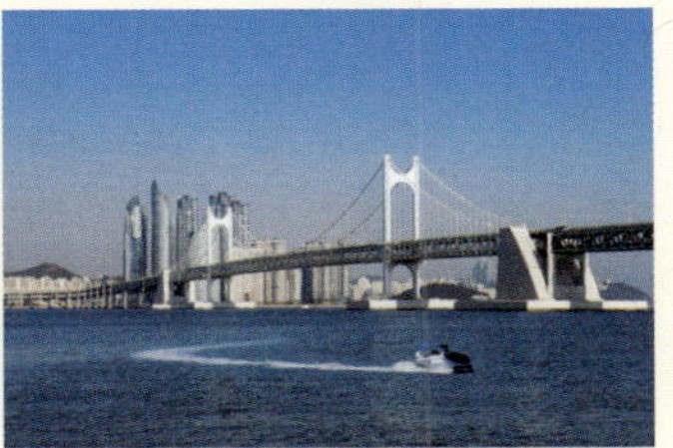

## 🎯 주요 단어

- ☑ 서울
- ☑ 한강
- ☑ 수도
- ☑ 경복궁
- ☑ 숭례문
- ☑ 전통
- ☑ 부산
- ☑ 해수욕장
- ☑ BIFF

# 1. 한국의 수도, 서울

서울은 대한민국의 수도이며, 한국에서 가장 많은 인구가 모여 사는 도시이다. 현재 한국 전체 인구의 약 5분의 1이 서울에 살고 있을 정도로 인구가 집중되어 있다. 도시 한가운데에는 한강이 동서로 흐르고 있으며, 한강을 기준으로 서울은 강북과 강남으로 나뉜다. 이 두 지역은 22개의 다리(2025년 기준)로 서로 연결되어 있다.

서울은 한국의 정치, 경제, 문화, 교육의 중심지일 뿐만 아니라, 동북아시아의 주요 비즈니스 도시로도 자리 잡고 있다.

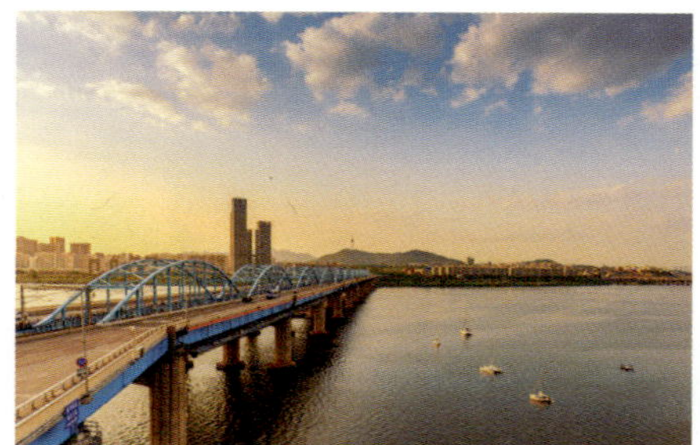
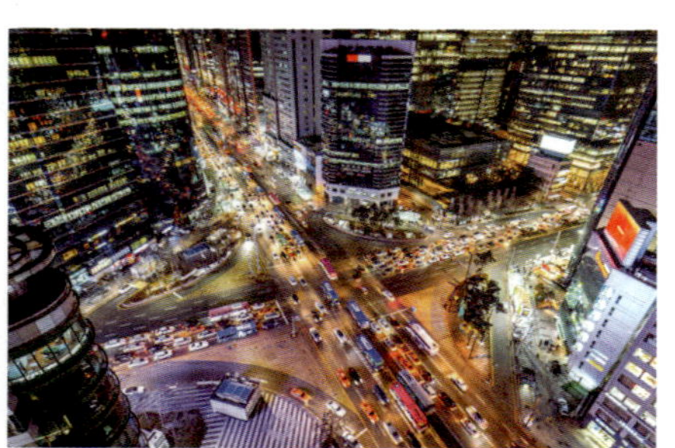

CJ Nattanai / Shutterstock.com

서울은 1394년, 조선 왕조가 건국된 이후 수도로 지정된 이후 600년 넘게 수도로서의 역할을 해 오고 있다. 이 오랜 역사 덕분에 오늘날에도 서울 도심 곳곳에서는 한국의 전통문화를 쉽게 만날 수 있다. 경복궁, 창경궁, 창덕궁, 덕수궁과 같은 궁궐과, 종묘, 숭례문(남대문), 북촌과 남산의 한옥마을 등은 한국 전통 건축의 아름다움과 역사적 가치를 잘 보여 주는 명소들이다.

한편, 서울은 전통뿐만 아니라 현대적인 문화도 풍부하게 즐길 수 있는 도시이다. 대학로에서는 다양한 공연 예술을 즐길 수 있고 홍대 앞은 클럽

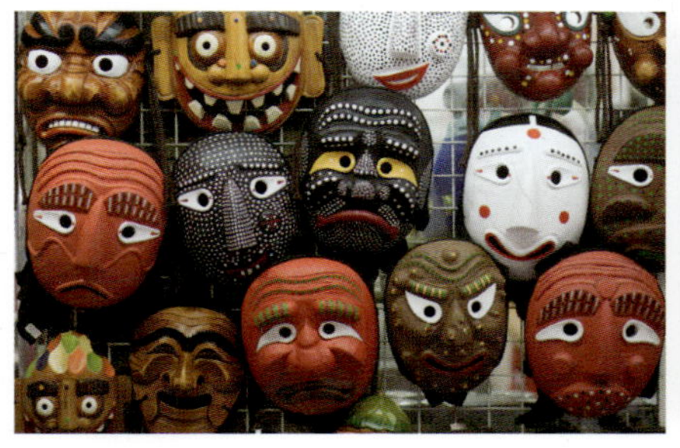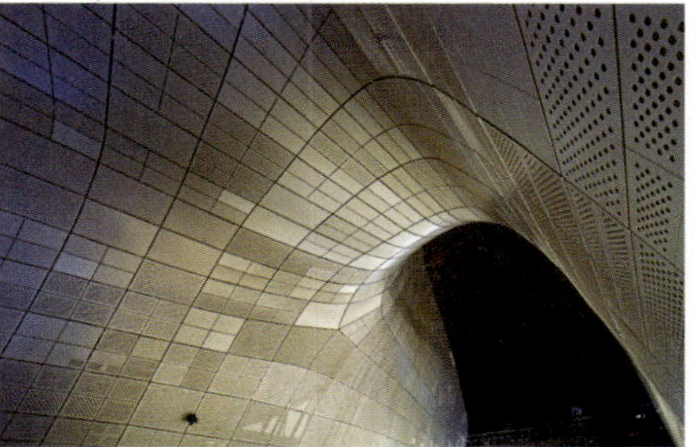

문화와 재즈 음악의 중심지로 젊은이들에게 인기가 많다. 압구정은 패션과 유행의 거리로 항상 활기가 넘친다. 인사동에서는 전통 공예품과 현대 미술 작품을 모두 접할 수 있고 이태원에서는 세계 여러 나라의 이국적인 문화를 경험할 수 있다. 또한 명동과 동대문시장은 쇼핑을 즐기기에 좋은 곳으로 국내외 관광객들에게 인기 있는 쇼핑 명소로 잘 알려져 있다.

이처럼 서울은 자연과 사람, 전통과 현대가 조화를 이루는 도시로, 한국을 대표하는 살아 있는 역사와 문화의 중심지라고 할 수 있다.

## 2. 해양 도시, 부산

부산은 대한민국 제2의 도시이자, 가장 큰 무역항으로 잘 알려져 있다. 바다의 영향을 많이 받는 도시이기 때문에 기온 변화가 크지 않고 비교적 따뜻한 날씨를 보인다. 하지만 비가 자주 오고 바람이 많이 부는 것이 특징이다.

부산은 도로, 철도, 해상 교통이 잘 발달해 있으며, 국제공항도 있어 해외로 이동하기에 매우 편리한 도시이다. 바닷가에 위치한 도시답게 다양한 해수욕장이 있는데 그중 해운대는 한국에서 가장 유명한 해수욕장이며, 광안리, 송정 등 시내에서도 가까운 곳에 아름다운 해변이 많이 있다.

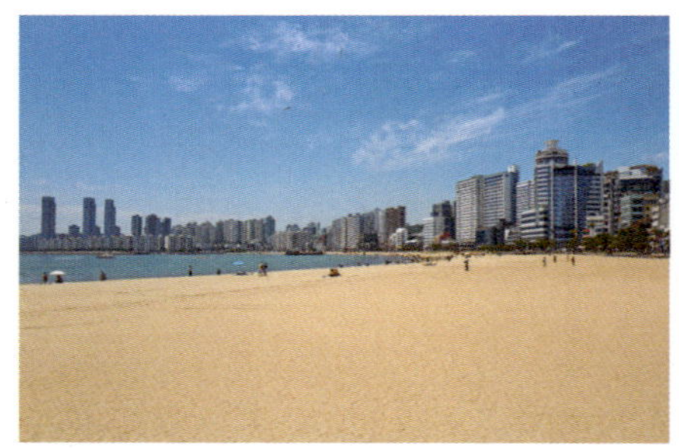
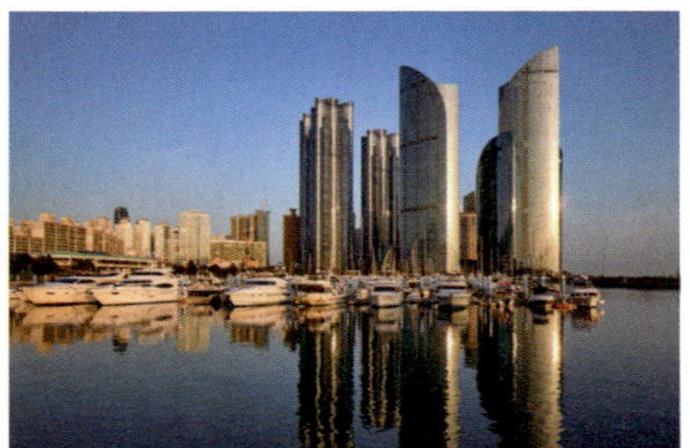
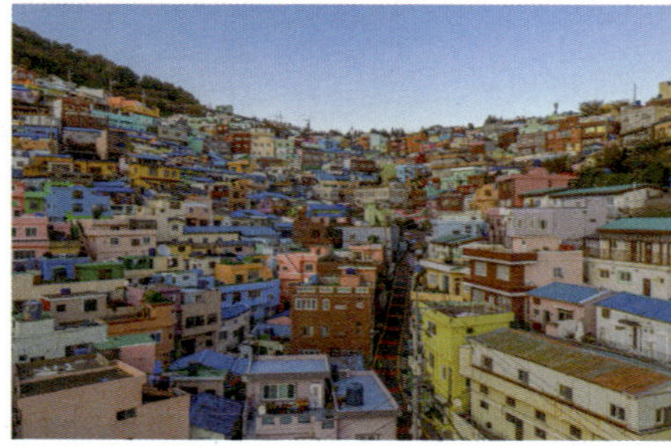
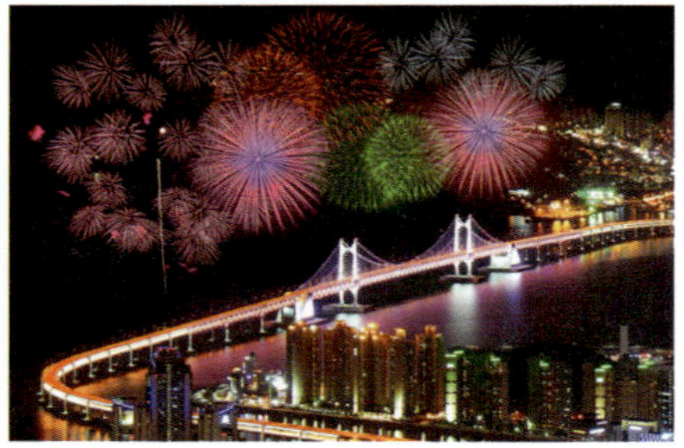

매년 10월에는 부산 국제 영화제(BIFF)가 열리며, 바닷가에서는 화려한 불꽃 축제도 함께 열려 많은 관광객들의 발길을 끌고 있다. 이 축제는 부산을 대표하는 문화 행사 중 하나로 꼽힌다.

또한 부산에서는 표준어와는 다른 억양과 단어를 사용하는 부산 사투리를 들을 수 있다. 특히 전통 시장에서는 구수하고 정겨운 사투리가 많이 들리기 때문에 현지 문화를 느낄 수 있는 또 다른 즐거움이 된다.

이처럼 부산은 아름다운 해변, 다양한 문화 행사, 활기찬 전통 시장 등 여러 매력을 갖춘 대표적인 해양 도시이다.

## 3. 부산 사투리

부산 사투리는 억양이 강하고 높낮이의 차이가 커서, 이로 인해 말의 의미가 달라지는 경우도 있다. 또한 의문문에서 사용하는 문법도 표준어와 조금 다르다.

| 구분 | 표준어 | 부산 사투리 | 비고 |
|---|---|---|---|
| 문법 | -아/어? (-아/어요?) | -나? | 판정 의문문 (동사/형용사) |
| 예문 | 밥 먹었어? | 밥 먹었나? |  |
| 문법 | -(이)야? (-이에요/예요?) | -(이)가? | 판정 의문문 (명사) |
| 문법 | 지금 학교야? | 지금 학교가? |  |

먼저 '네' 또는 '아니요'의 대답을 요구하는 판정 의문문에서는 '-나?'를 사용하고 명사에는 'N(이)가?'를 사용한다. 반대로 설명을 요구하는 설명 의문문에서는 '-ㄴ/는데?' 또는 '-노?'와 같은 표현을 쓴다. 그리고 표준어의 '-잖아'는 부산 사투리에서 '-다 아이가'로 바꾸어 말하기도 한다.

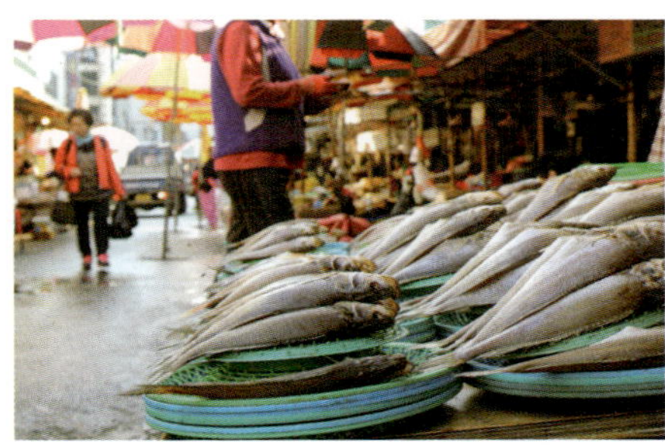

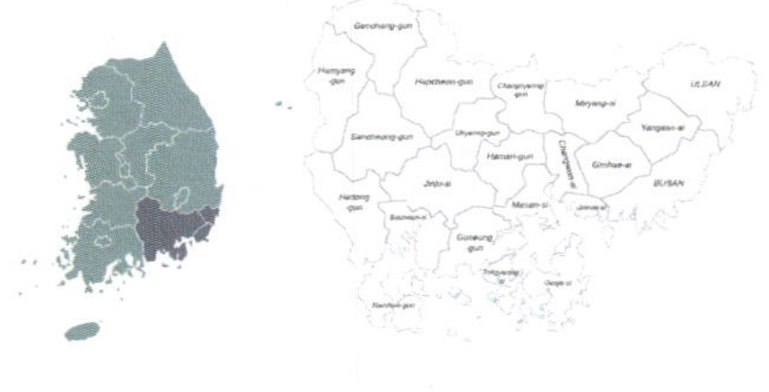
<부산 사투리를 사용하는 지역>

부산 사투리는 억양뿐만 아니라 발음에서도 차이를 보여 왔다. 예를 들어, 모음 '어'를 '으'로 발음하는 경우가 있다. '어머니'를 [으므이], '걱정'을 [극쫑]으로 발음하는 식이다. 또한 '혀'를 '해'로, '와'와 같은 이중 모음을 '아'로 발음하기도 한다.

하지만 최근에는 이런 발음 차이가 많이 줄어들었으며, 젊은 세대의 발음은 표준어와 거의 비슷하다. 다만 억양의 차이는 여전히 남아 있어 부산 사투리의 특징으로 나타나고 있다.

| | |
|---|---|
| **한반도** | '반도'는 육지 또는 대륙으로부터 돌출하여 삼면이 바다로 둘러싸여 있는 땅을 말한다. 따라서 이와 같은 한국의 지형을 '한반도'라고 부른다. |
| **음과 양** | 음양은 세상의 모든 것을 만들어 내는 상반된 두 가지 기운을 말한다. |
| **동고서저** | '동쪽이 높고 서쪽이 낮다'는 의미로 한국의 지형은 대체로 동쪽이 높고 서쪽이 낮은 편이다. |
| **꽃샘추위** | 이른 봄철의 날씨가 꽃이 피는 것을 시샘하듯 일시적으로 갑자기 추워지는 기상 현상 |
| **김장** | 겨울에 먹을 김치를 한꺼번에 많이 담그는 일. 주로 늦가을에 김장을 한다. |
| **조선** | 1392년 이성계가 고려를 멸망시키고 한양을 수도로 하여 세운 나라이다. 1910년 일본에 국권을 빼앗기고 멸망하였다. |
| **남대문** | 서울의 정문, 국보 1호이다. 조선 시대 한양 도성의 남쪽 문이자 정문의 역할을 했던 문 |
| **BIFF** | 부산시에서 매년 가을에 개최하는 예술 축제 (Busan International Film Festival) |
| **사투리** | 어느 한 지방에서만 쓰는 표준어가 아닌 말(= 방언) |

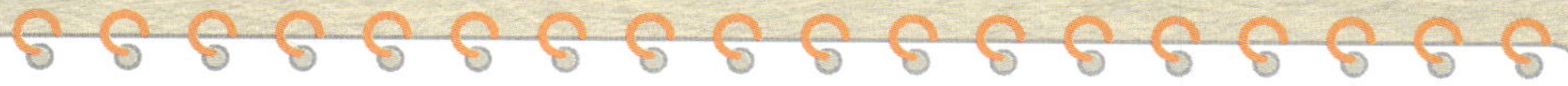

## 풀어 봅시다

1. 한국의 수도 서울에 대해 알고 있는 것을 이야기해 봅시다.
   그리고 여러분 나라의 수도와 비교해서 설명해 봅시다.

2. 다음 중 한국의 지리적 환경에 대한 설명이 맞으면 ○, 틀리면 ×를 표시
   하시오.

   (1) 국토의 70%가 산으로 되어 있다.                              (      )

   (2) 삼면이 바다로 둘러 싸여 해안 지역이 발달했다.               (      )

   (3) 북동쪽이 낮고 남서쪽이 높은 동저서고형 지형이다.           (      )

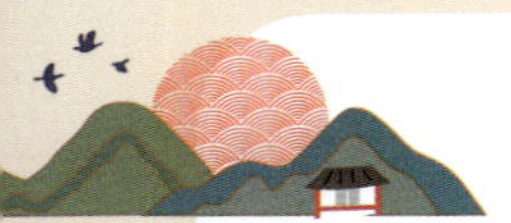

# 제2강

# 한국의 역사

**2-1** 한국의 과거와 현재



1. 한국의 역사와 문화를 이해할 수 있다.

2. 한국의 과거와 현재를 비교하면서 변화된 모습을 알 수 있다.

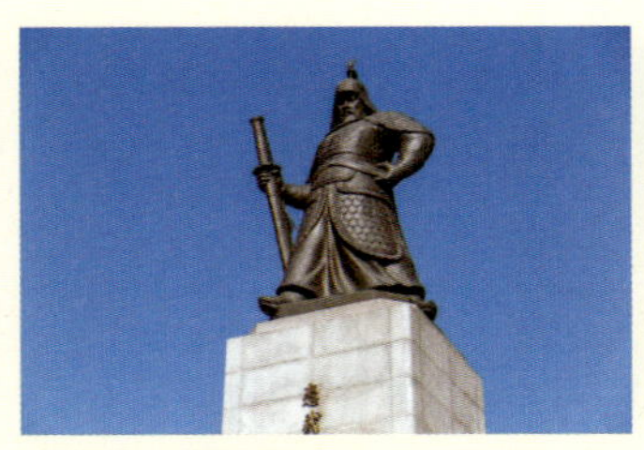
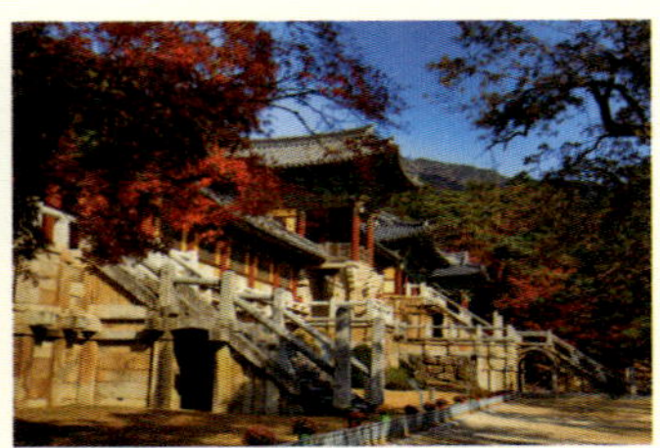
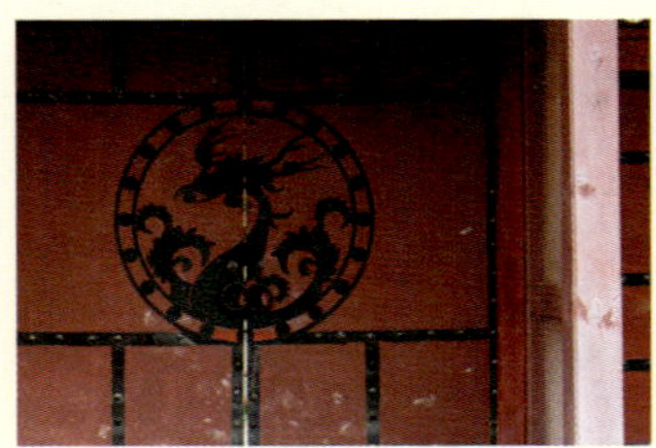
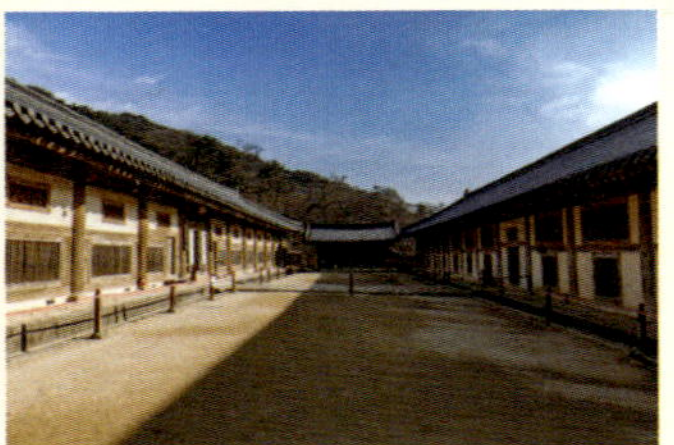



- ☑ 고조선
- ☑ 단군왕검
- ☑ 비파형 동검
- ☑ 고구려/백제/신라
- ☑ 한반도
- ☑ 팔만대장경
- ☑ 고려
- ☑ 이순신
- ☑ 일제 강점기
- ☑ 6.25 전쟁

## 1. 고조선의 성립

청동기 문화가 발전하면서 한국 역사에서 가장 먼저 국가로 성장한 나라가 바로 고조선이다. 『삼국유사』에 따르면 고조선은 기원전 2333년, 단군왕검이라는 인물이 세운 것으로 전해진다. 여기서 '단군'은 하늘에 제사를 지내는 제사장, '왕검'은 정치적인 지배자를 뜻한다. 따라서 '단군왕검'은 제사와 정치를 함께 담당한 지도자를 의미한다.

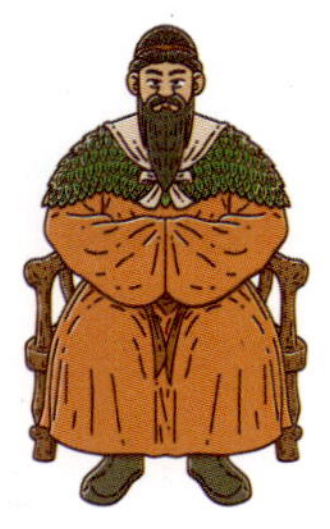 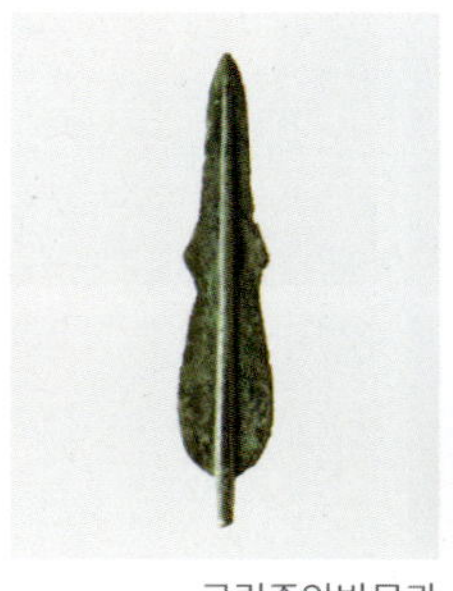 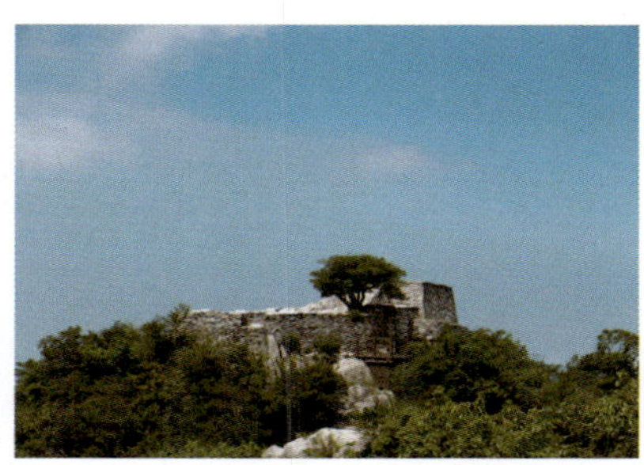

국립중앙박물관

고조선은 처음에는 중국 요령 지방을 중심으로 시작되었고 이후 한반도 지역까지 영토를 넓혔다. 이러한 사실은 고조선의 대표적인 유물인 비파형 동검이 발견된 지역을 통해 알 수 있다. 비파형 동검은 고조선의 독특한 청동기 문화를 보여 주는 유물로 이 동검이 발견된 지역은 고조선의 영향력이 퍼졌던 곳임을 알려 준다.

하지만 고조선은 기원전 108년, 중국 한나라의 침략을 받아 멸망하였고 그 뒤로 여러 작은 나라들로 나뉘게 되었다.


## 2. 삼국 시대

기원전 1세기 무렵부터 지금의 만주와 한반도 지역에는 여러 나라들이 생겨나기 시작했다. 이 가운데 고구려, 백제, 신라 세 나라는 한반도를 중심으로 성장하였으며, 이 시기를 삼국 시대라고 부른다. 세 나라는 경제와 군사 면에서 서로 경쟁하면서 때로는 협력하기도 하며 세력을 넓혀 갔다. 그리고 7세기경, 신라가 중국 당나라와 힘을 합쳐 백제와 고구려를 차례로 멸망시키고 삼국을 통일하였다.

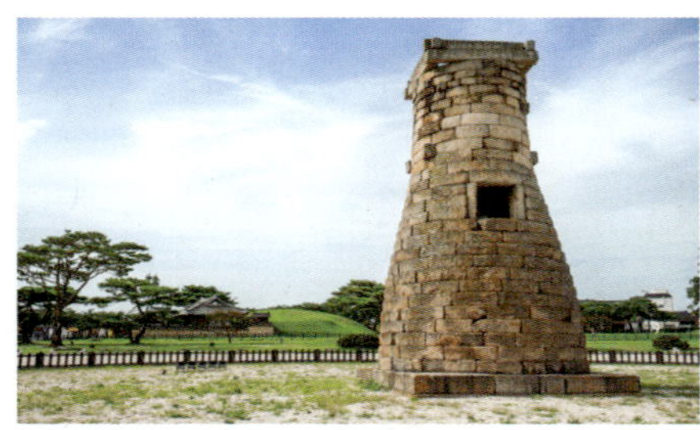
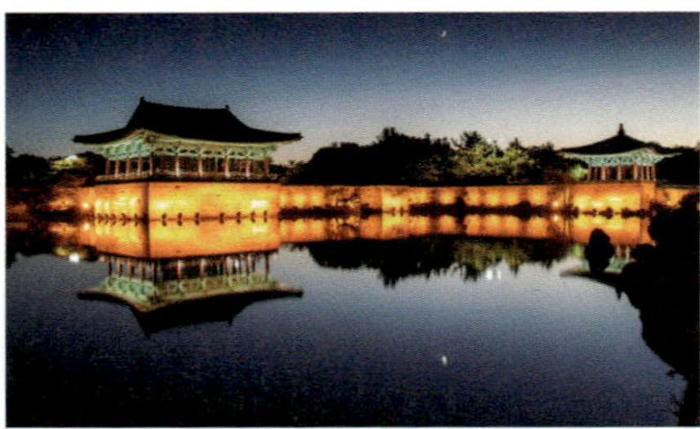
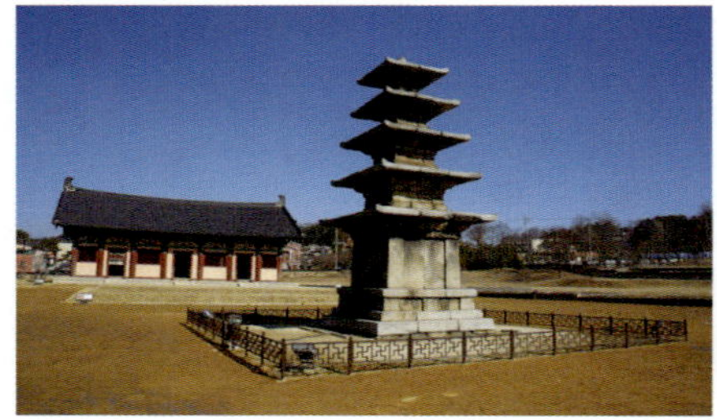
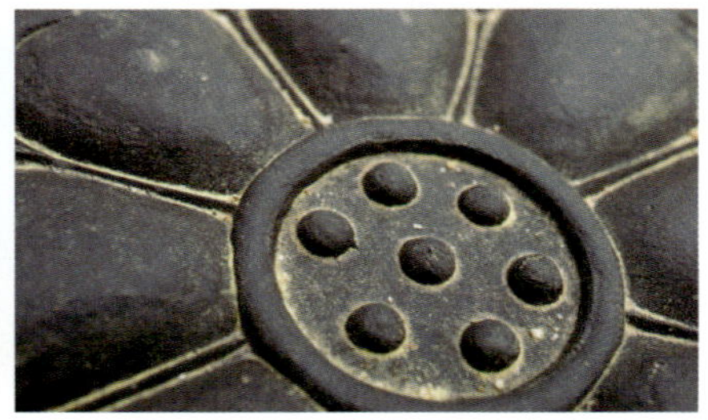

통일 신라 시대에는 전쟁이 줄고 사회가 안정되면서 문화가 크게 발전하였다. 특히 불교 문화가 발달하여 많은 사찰(절)과 불교 예술 작품이 만들어졌다. 하지만 시간이 지나면서 왕과 귀족의 부패가 심해지고 사회가 혼란에 빠지게 되었다. 결국 이러한 이유들로 인해 통일 신라 시대는 끝나게 되었다.

### 3. 고려 시대

고려는 918년에 지금의 개성을 수도로 하여 건국되었으며, 약 470년 동안 한반도를 지배한 왕조이다. 고려 시대에는 귀족 중심의 문화와 불교적인 성격이 강한 화려한 예술이 발달하였다. 그 대표적인 예가 바로 아름다운 도자기인 고려청자이다.

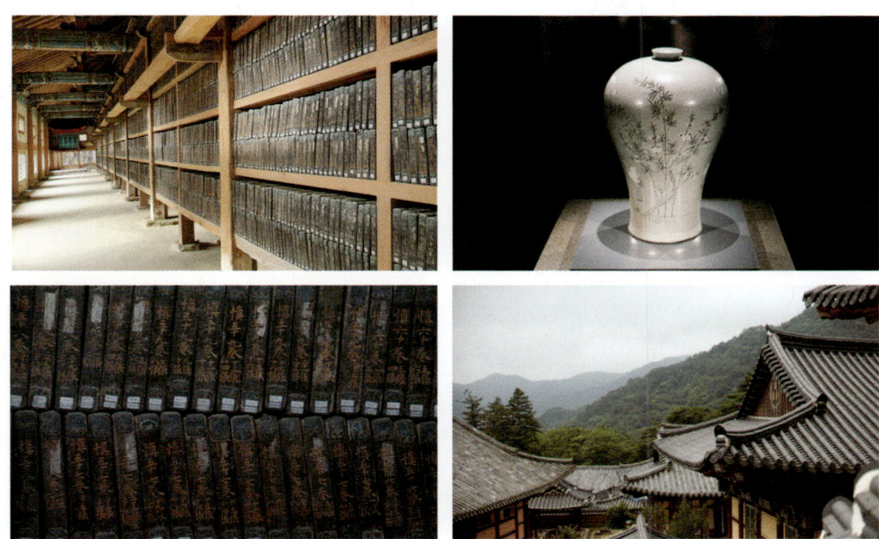

이 시기에는 인쇄 기술도 크게 발전하였다. 1377년, 금속 활자로 인쇄된 『직지심체요절』은 지금까지 전해지고 있으며, 현재 세계에서 가장 오래된 금속 활자본으로 평가받고 있다.

또한 13세기, 고려는 몽골의 침략을 여러 차례 받았는데 당시 사람들은 부처의 힘으로 나라를 지키고자 하는 마음으로 불교 경전인 『팔만대장경』을 만들었다. 이 목판 인쇄물은 고려 사람들의 깊은 불심과 당시의 뛰어난 인쇄 기술 수준을 보여 주는 소중한 문화유산이다.

## 4. 조선 시대

조선은 고려의 뒤를 이어 1392년에 건국된 왕조 국가로, 1910년까지 약 518년 동안 한반도를 지배하였다. 이 시기에는 불교를 억제하고 유교를 중요하게 여기는 정책이 시행되었으며, 사람들은 양반, 중인, 상민, 천민이라는 신분 제도 속에서 살아갔다. 세종 대왕 시대에는 훈민정음(한글)이 만들어졌고 측우기(강우량 측정 기구), 해시계 같은 과학 기술도 크게 발전하였다.

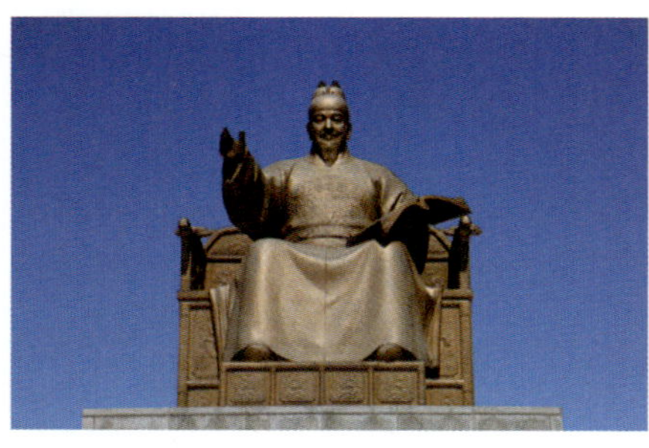
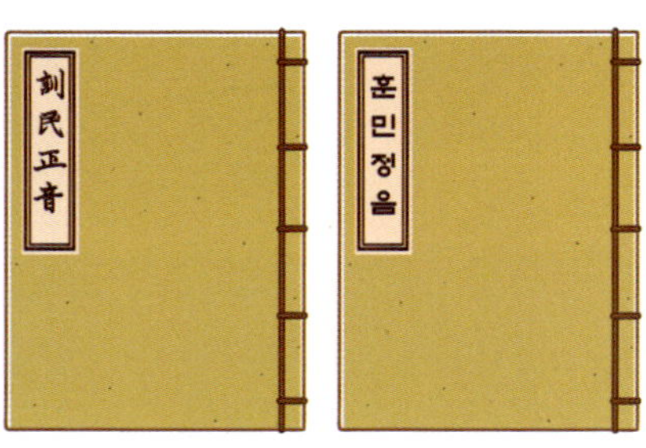

　1592년, 일본을 통일한 도요토미 히데요시가 20만 명의 군대를 이끌고 조선을 침략하면서 임진왜란이 일어났다. 전쟁 준비가 부족했던 조선은 전쟁 초기 일본군에게 크게 밀려 선조 임금이 수도 한양(서울)을 떠나 의주까지 피난하게 되었다. 그러나 이순신 장군이 이끄는 조선 수군이 일본군의 보급로를 차단하고 전국 각지에서 의병(자발적으로 일어난 군대)이 활동했으며, 중국 명나라의 지원도 더해져 조선은 7년 만에 일본군을 물리칠 수 있었다.

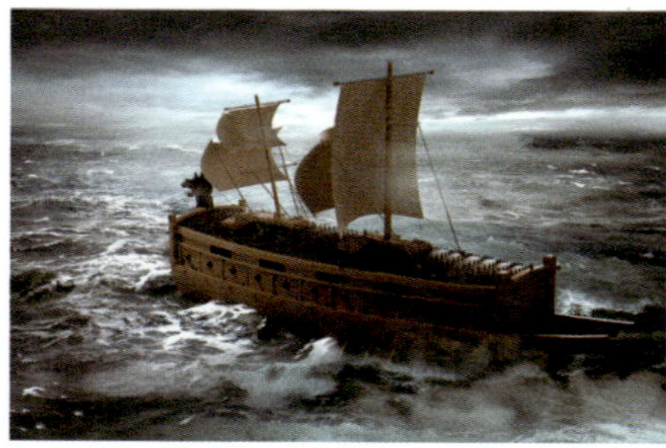
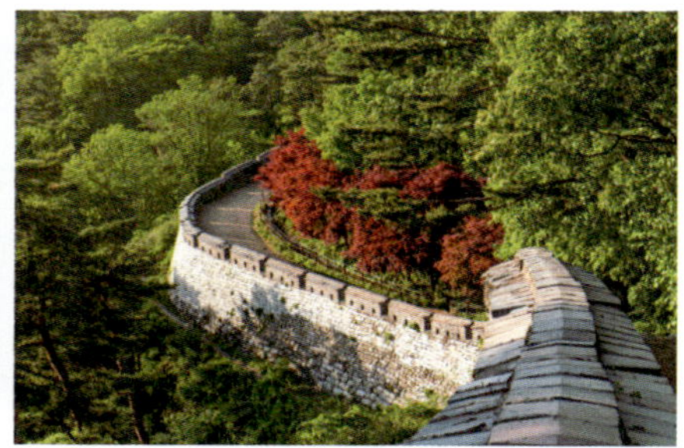

조선 후기에는 천문학, 의학, 농업, 상업 등 다양한 분야에서 기술이 발전하였고 양반의 수가 늘어나면서 신분 제도에도 점차 변화가 생기기 시작했다. 1897년, 고종은 국호를 '대한제국'으로 바꾸면서 '조선'이라는 이름은 역사 속으로 사라지게 되었다. 하지만 실제로는 정치와 사회 구조가 크게 달라지지 않아 대한제국을 조선의 마지막 시기로 보는 경우도 많다.

그 후 1910년, 대한제국은 일본에 의해 강제로 병합되었고 이때부터 약 35년 동안의 일제 강점기가 시작되었다.

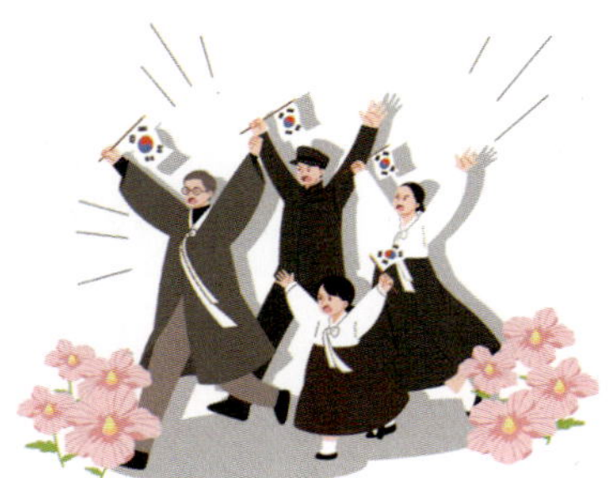 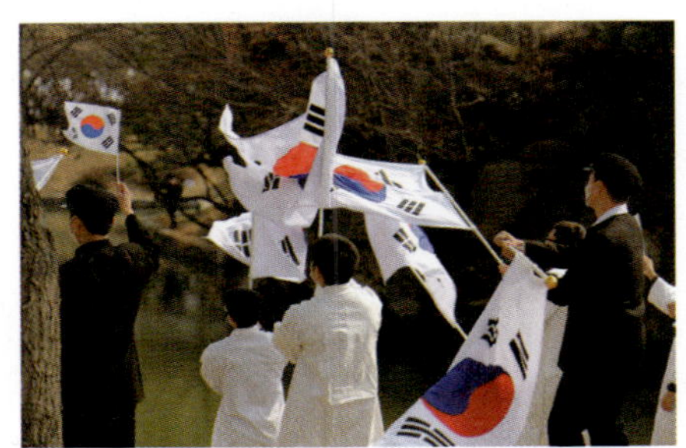

## 5. 대한민국

1945년 8월 15일, 제2차 세계 대전에서 일본이 패배하면서 한국은 일본으로부터 해방되었다. 이후 1948년, 남쪽에는 대한민국, 북쪽에는 조선민주주의인민공화국이 각각 정부를 세우면서 한반도는 38선을 기준으로 남과 북으로 분단되었다.

분단 이후, 남북한 사이에는 긴장이 계속되었고 곳곳에서 크고 작은 충돌이 일어났다. 그리고 마침내 1950년 6월 25일, 북한의 조선 인민군이 38선을 넘어 남한을 침략하면서 한국 전쟁이 발발하였다.

# 6. 한국 전쟁(6.25 전쟁)

　1950년 6월 25일 새벽, 북한이 남한을 전면적으로 침공하면서 한국 전쟁이 시작되었다. 전쟁 준비가 부족했던 남한은 전쟁이 시작된 지 사흘 만에 수도 서울을 빼앗기고 계속해서 남쪽으로 후퇴하게 되었다. 그 결과, 경상도 남부의 일부 지역을 제외한 대부분의 영토를 잃게 되었다.

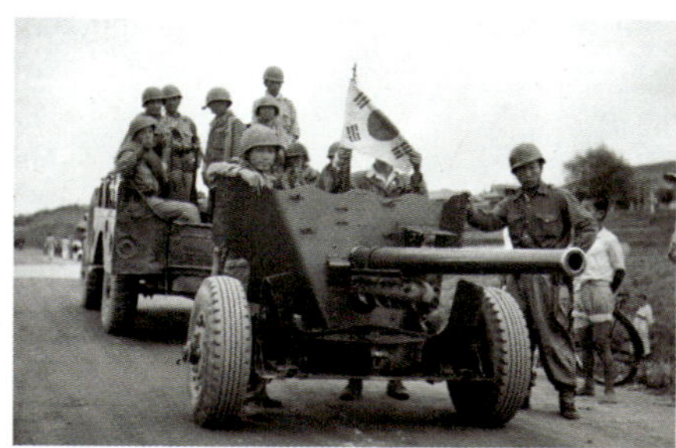
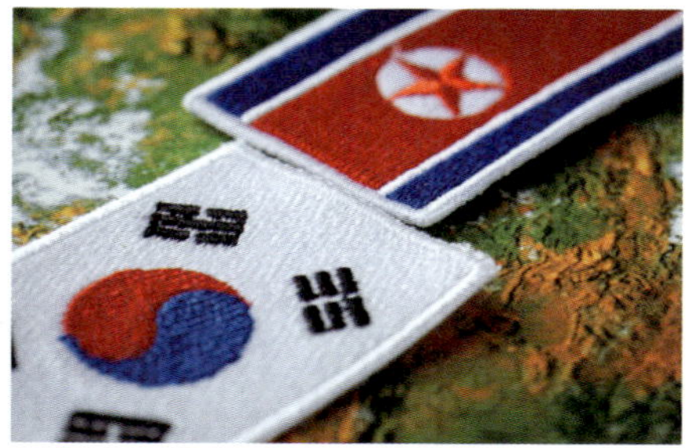

　하지만 북한을 침략자로 규정한 유엔(UN)의 결의에 따라 연합군이 결성되었고 맥아더 장군이 지휘한 인천 상륙 작전의 성공으로 전쟁의 분위기가 역전되었다. 남한은 서울을 다시 되찾고 연합군은 북진을 거듭하여 북한과 중국의 국경선 부근까지 진격하기도 하였다. 그러나 이후 중공군의 개입으로 한국 전쟁은 3년 동안 지속되다 1953년 7월 27일 휴전 협정으로 지금의 군사 분계선을 사이에 두고 대한민국과 조선민주주의인민공화국이라는 두 개의 정부가 대립하게 되었다.

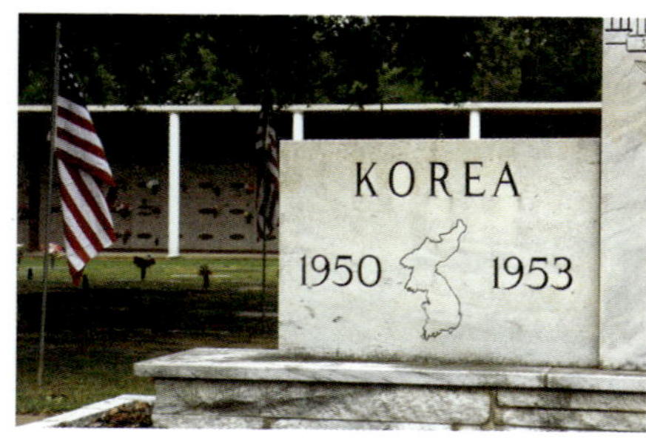

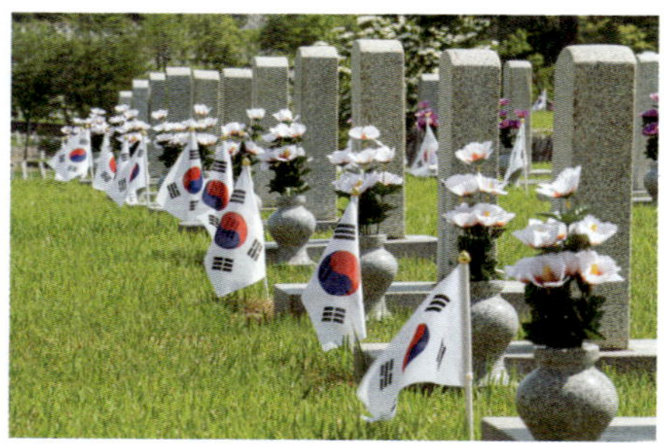

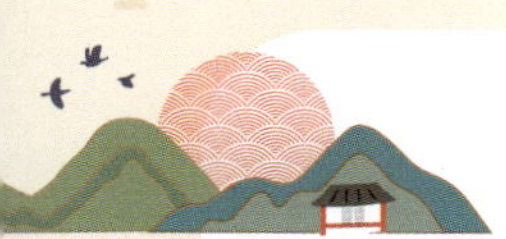

# 제2강

# 한국의 역사

**2-2** 화폐 속 인물

## 학습 목표

1. 한국 화폐의 종류와 단위를 이해하고 설명할 수 있다.

2. 화폐 속 인물에 대해 이해할 수 있다.

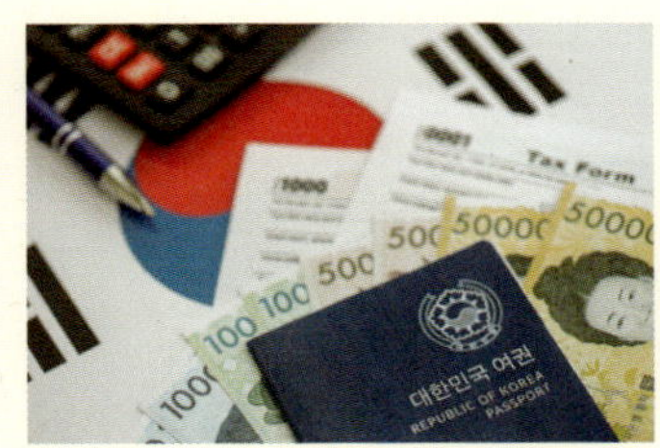
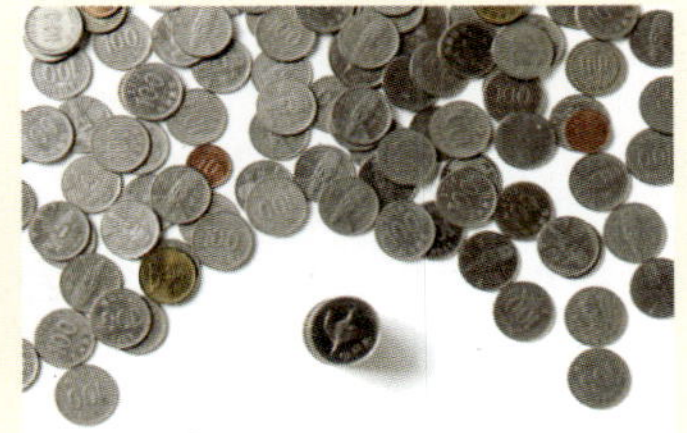
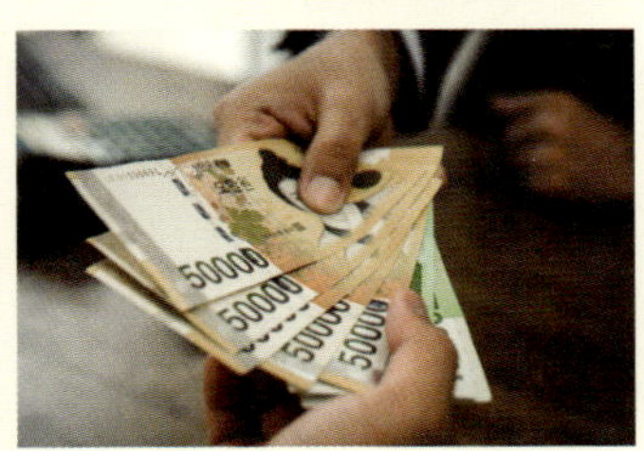
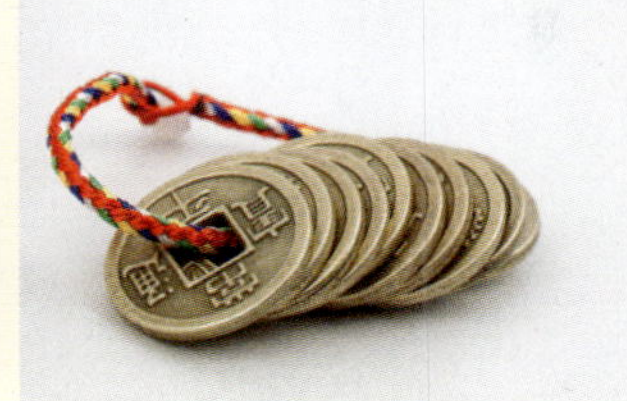

## 주요 단어

- ✓ 화폐
- ✓ 지폐
- ✓ 무궁화
- ✓ 거북선
- ✓ 학
- ✓ 벼
- ✓ 세종 대왕
- ✓ 유교
- ✓ 신사임당
- ✓ 불국사

화폐에는 보통 그 나라를 대표하는 역사적인 인물이 그려져 있다. 한국의 화폐에도 한국인들이 존경하는 인물들이 등장한다. 이들은 앞으로도 한국 사회에서 오랫동안 기억되고 존경받을 것이다.

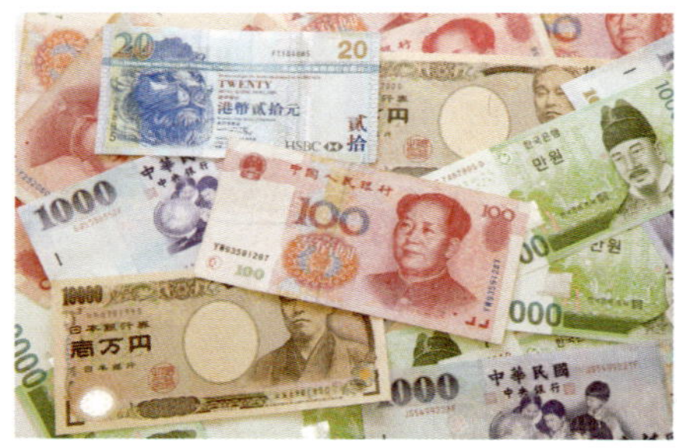
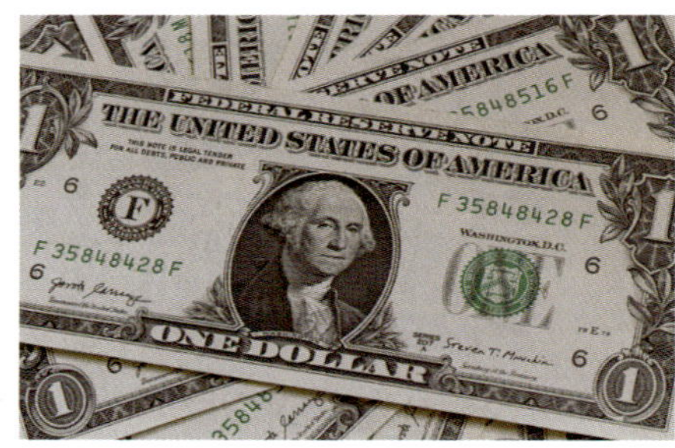

## 1. 동전

한국의 동전 가운데 인물이 그려진 것은 100원짜리 하나뿐이다. 현재는 사용되지 않는 1원과 5원에는 각각 무궁화와 거북선이 그려져 있으며, 10원짜리에는 경주 불국사의 다보탑, 50원짜리에는 벼 이삭이 담겨 있다. 마지막으로 500원짜리에는 예로부터 한국 사람들이 신성하게 여긴 동물인 학이 그려져 있다.

| 동전 | 그림 | 내용 |
| --- | --- | --- |
| 1원 | 무궁화 | 한국을 대표하는 꽃 |
| 5원 | 거북선 | 임진왜란 때 사용했던 거북이 모양의 군함(전쟁에서 사용한 배) |
| 10원 | 다보탑 | 경주 불국사에 있는 유명한 탑 |
| 50원 | 벼 | '세계 식량의 날'을 기념하기 위한 동전을 발행할 것을 권장함에 따라 한국에서 주로 먹는 벼(쌀)의 그림을 넣었다. |
| 100원 | 이순신 | 임진왜란(조선 시대) 때 바다에서 일본군을 물리친 한국의 영웅이다. |
| 500원 | 학 | 한국에서는 옛날부터 학을 신성한 동물로 생각했다. |

## 2. 지폐

한국의 지폐에는 역사적으로 존경받는 인물들이 그려져 있다.

1,000원권에는 조선 시대의 학자인 퇴계 이황(1501~1570)이 있다. 그는 성리학을 발전시킨 학자로 잘 알려져 있다.

5,000원권에는 조선 중기의 학자이자 정치가인 율곡 이이(1536~1584)의 모습이 있다. 그는 20년 넘게 여러 관직을 맡으며 백성을 위한 정책을 만들기 위해 힘썼으며, 나라를 지키기 위해 10만 명의 군사를 양성하자고 주장했다.

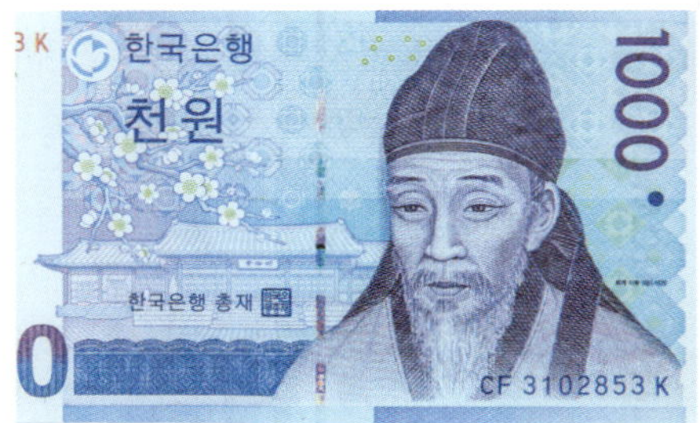
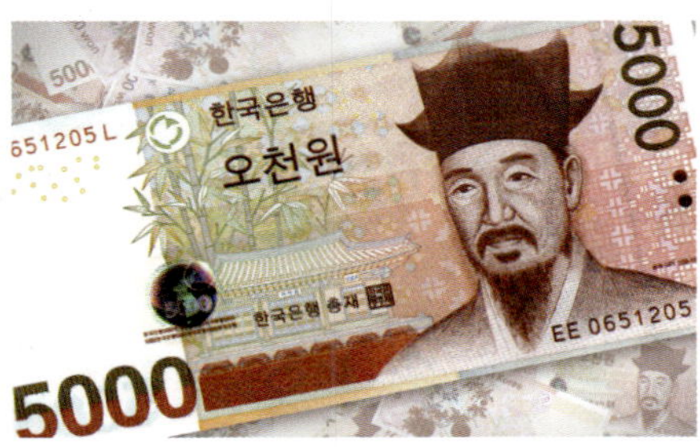

10,000원권에는 조선의 제4대 임금인 세종 대왕(1397~1450)이 있다. 세종 대왕은 한국 사람들이 가장 사랑하고 존경하는 임금으로, 한글을 만든 왕으로 잘 알려져 있다. 또한 북쪽의 땅을 개척해 국토를 넓혔고 이 시기에 측우기, 자격루 같은 과학 기구가 개발되었으며, 문화와 유교 관련 책들도 많이 만들어졌다.

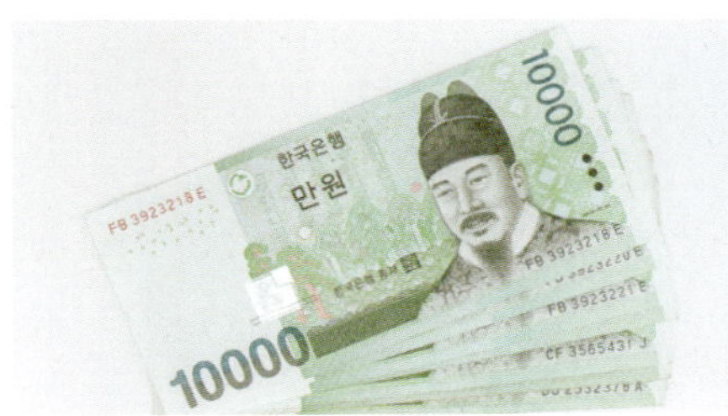
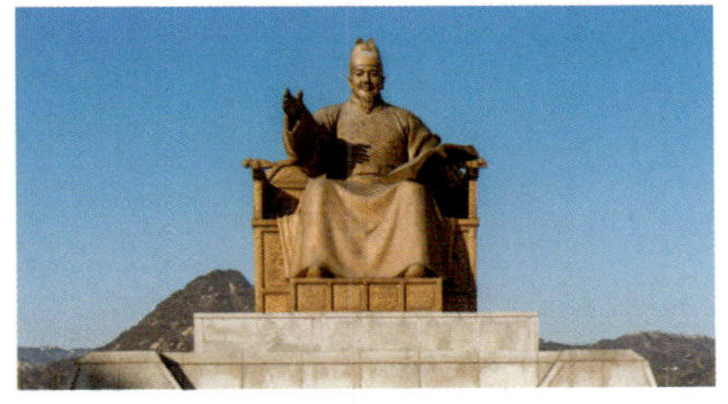

50,000원권에는 신사임당(1504~1551)이 있다. 그녀는 율곡 이이의 어머니로, 자녀를 잘 교육한 현명한 어머니이자 좋은 아내로서의 모습을 보여 준 인물이다. 또한 한국 지폐에 등장하는 유일한 여성 인물로서도 의미가 크다.

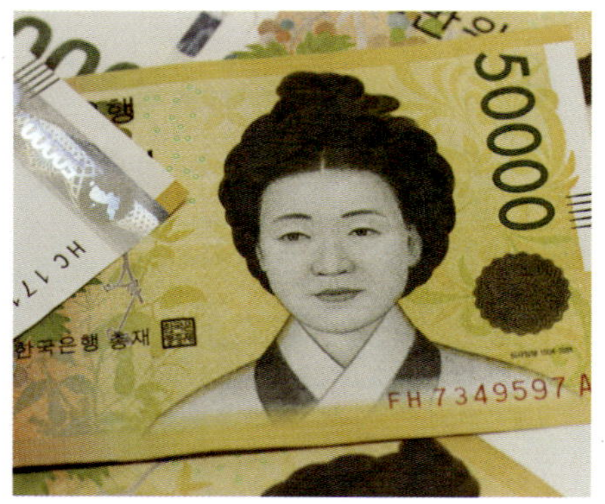

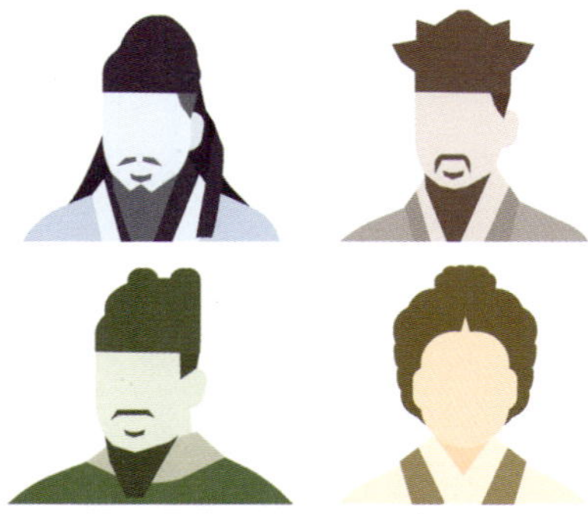

| | |
|---|---|
| **단군 신화** | 한국 최초의 국가인 고조선의 건국 신화. 하늘에서 내려온 환웅과 웅녀가 낳은 아들이 고조선을 세운 단군왕검이다. |
| **고조선** | 기원전 108년까지 요동과 한반도 서북부 지역에 존재한 한국 최초의 국가 |
| **비파형 동검** | 비파처럼 생긴 청동기 시대의 대표적인 무기 |
| **일제 강점기** | 한국이 일본에게 나라를 빼앗긴 1910년부터 해방된 1945년까지의 시기 |
| **조선민주주의인민공화국** | 아시아 한반도 북쪽(군사 분계선 이북 지역)에 있는 사회주의를 표방하는 정권(= 북한) |
| **세종 대왕** | 조선의 4번째 왕으로 한글을 만들었다. 조선 시대 왕 가운데 가장 많은 업적을 남겼다는 평가를 받고 있다. |
| **거북선** | 거북선은 지붕 혹은 덮개 역할을 하는 철판이 배의 윗부분을 덮고 있는 특수한 구조를 가진 군함 |
| **유교** | 옛날 중국 공자의 가르침에서 시작된 도덕 사상 |

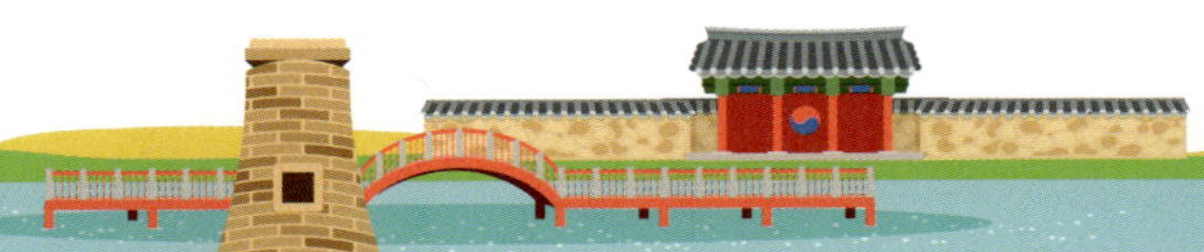
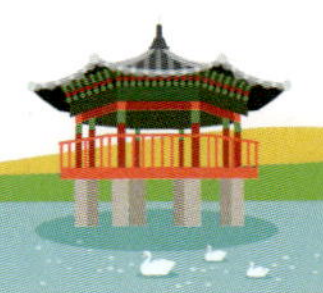

**1. 다음 중 삼국 시대의 나라가 아닌 것을 고르시오.**

① 고려　　　　　② 백제

③ 신라　　　　　④ 고구려


**2. 역사의 순서대로 국가를 나열한 것을 고르시오.**

① 고조선 → 삼국 시대 → 통일 신라 → 조선

② 고조선 → 통일 신라 → 삼국 시대 → 조선

③ 삼국 시대 → 통일 신라 → 고조선 → 조선

④ 삼국 시대 → 고조선 → 통일 신라 → 조선


**3. 다음 글에서 설명하고 있는 것을 쓰시오.**

> 이 유물은 고조선의 특별한 문화를 보여 주는 것으로, 이 유물을 통해 고조선의 영토를 추측할 수 있다.

MEMO

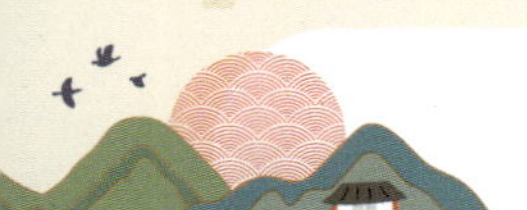

# 제3강

# 한국의 옷

**3-1** 아름다운 한복



1. 한복의 유래와 종류에 대해 이해할 수 있다.

2. 한복 입는 날과 한복의 변화에 대해 알 수 있다.

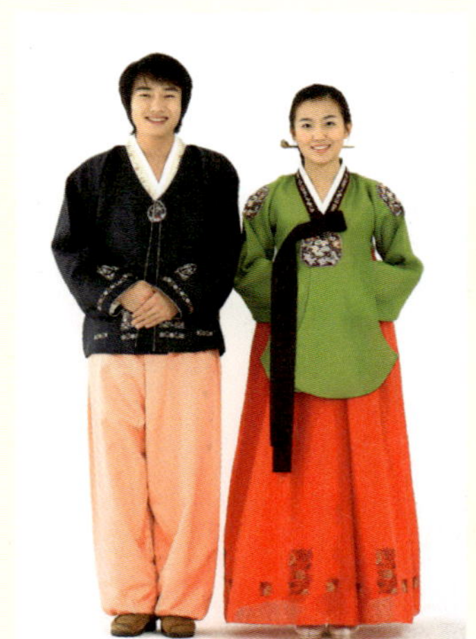

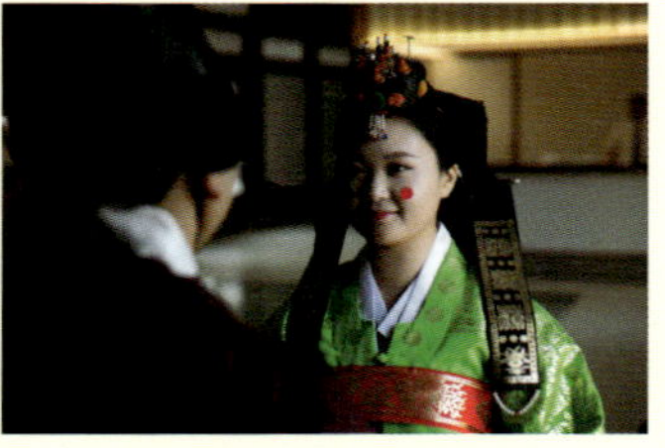

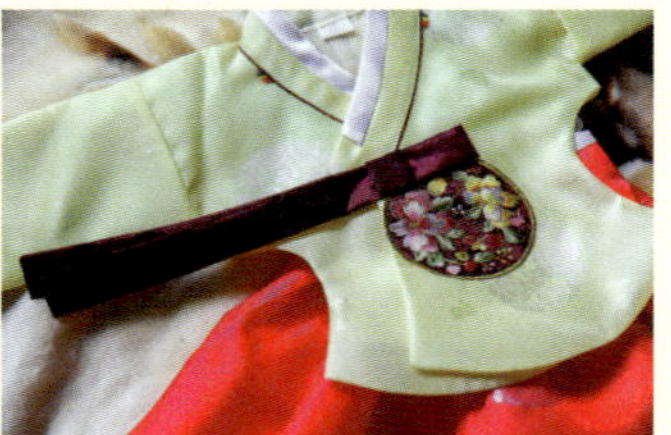



- ☑ 직선
- ☑ 곡선
- ☑ 조화
- ☑ 바지
- ☑ 저고리
- ☑ 우아하다
- ☑ 대님
- ☑ 치마
- ☑ 고름

한복은 우리나라 사람들이 오랫동안 입어온 전통 옷이다. 한복의 전통성은 삼국 시대부터 약 1600여 년 동안 이어져 오고 있다. 계절이나 의례에 따라 옷의 재료나 색깔이 달랐지만 한복은 반듯하게 뻗은 직선과 부드러운 곡선이 조화를 이룬 멋스럽고 우아한 옷이다. 또한 하얀 저고리를 입은 한국 여인의 모습은 순수하고 고전적인 아름다움을 느끼게 한다.

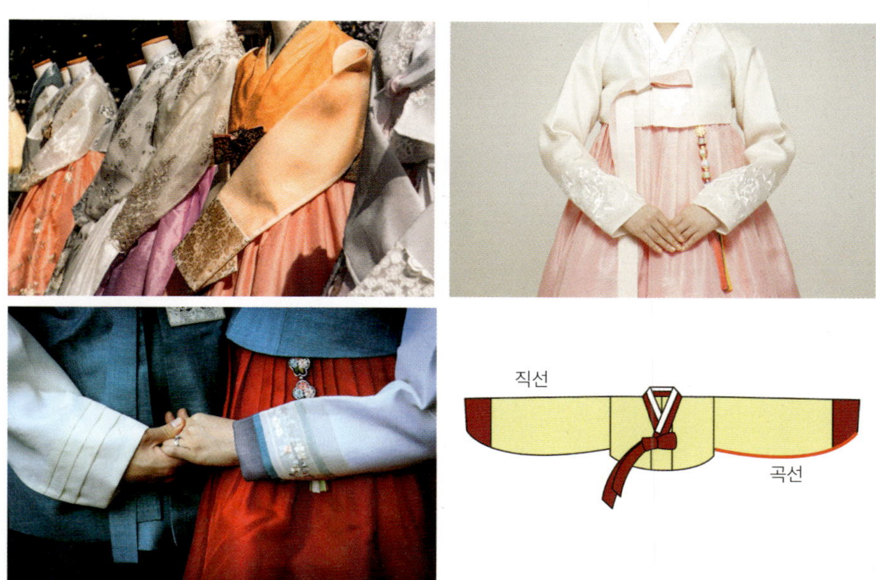


여자의 한복은 저고리와 치마로 이루어진다. 치마 속에는 속바지와 속치마를 겹쳐 입었다. 저고리의 앞에는 고름이 붙어 있는데 긴 고름과 짧은 고름을 반리본 모양으로 맨다. 조선 시대에 저고리는 점차 짧아지면서 몸에 달라붙는 형태로 바뀌게 되었으며, 치마는 더욱 풍성해졌다. 이처럼 풍성해진 한복은 활동하기 편하고 체형도 보완해 주는 기능적인 옷이라고 할 수 있다.

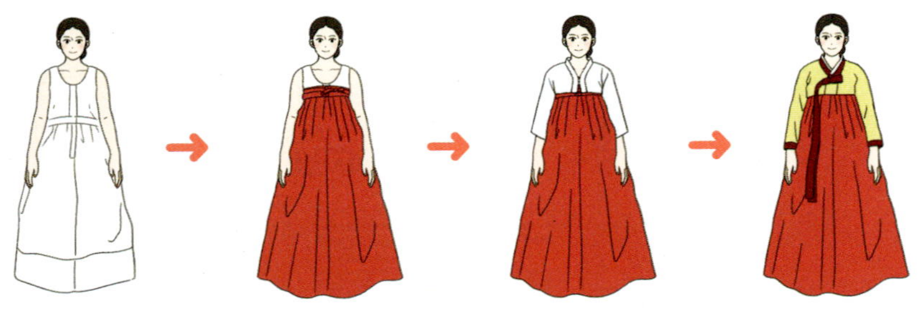

　　남자의 한복은 바지, 저고리, 조끼, 두루마기(겉옷) 등이 있다. 남자의 저고리는 여자의 저고리에 비해 직선적으로 만들어진다. 고대에는 남자와 여자 모두 바지를 입었던 것으로 추정되나 조선 시대에 와서 남자는 겉옷으로, 여자는 속옷으로만 바지를 입게 되었다. 한복 바지는 통이 넓기 때문에 허리끈을 매어서 고정시킨다. 또한 바지의 발목 부분을 대님으로 묶어서 바지가 바닥에 닿지 않도록 하였다. 이처럼 한복 바지는 서양 바지보다 여유 공간이 많아서 좌식 생활을 하는 데에 불편하지 않았다.

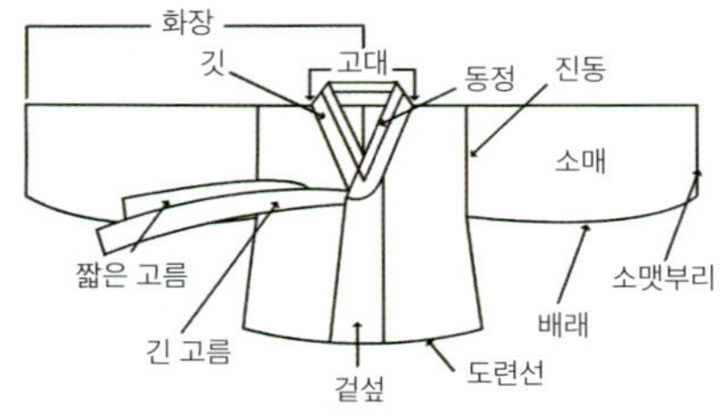


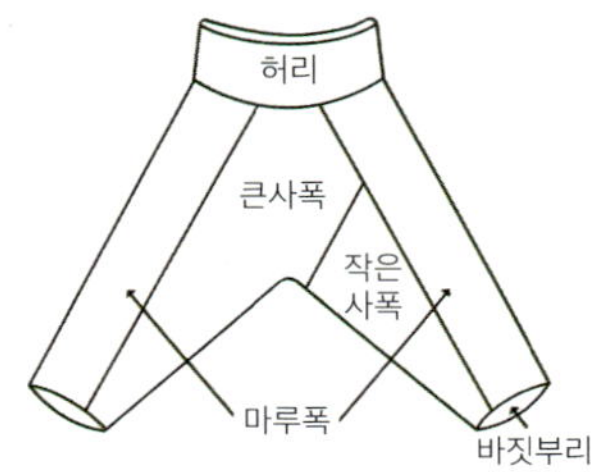

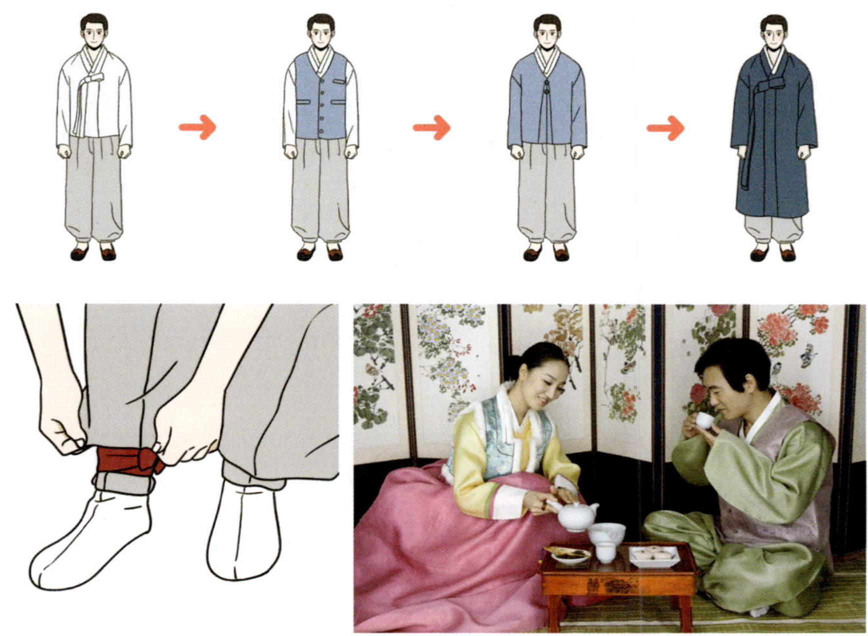

　몸을 조이지 않아서 예전의 좌식 생활에 알맞았던 한복은, 조선 시대 말기에 건너온 양복에 밀려서 일상생활에서는 점차 사라지고 있다. 그렇지만 한국인들은 명절, 결혼식 등의 특별한 행사 때에 여전히 한복을 입고 있으며, 최근에는 현대적인 생활에 맞게 한복의 디자인을 바꾼 개량 한복이 만들어지고 있다.

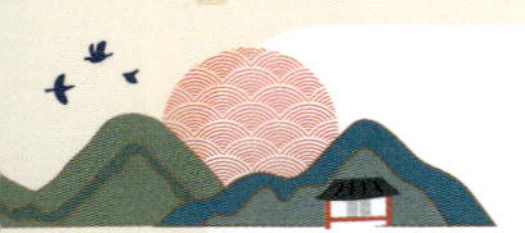

# 제3강

# 한국의 옷

**3-2** 한복 입기와 절하기

### 🔆 학습 목표

1. 한복 입는 순서를 알 수 있다.
2. 절하는 방법에 대해 알 수 있다.

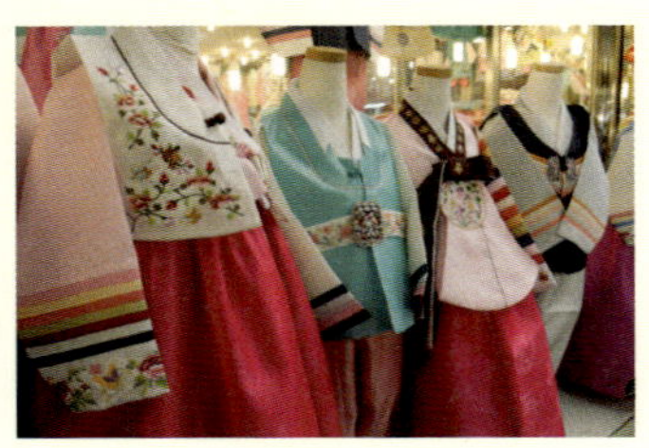

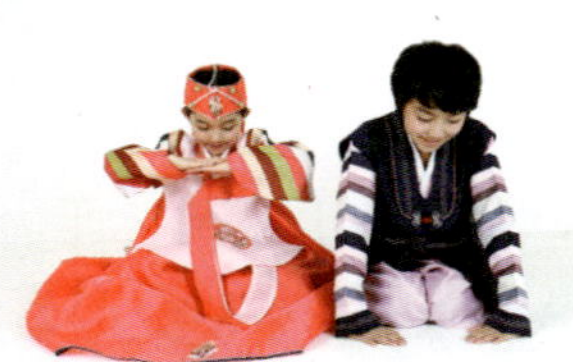

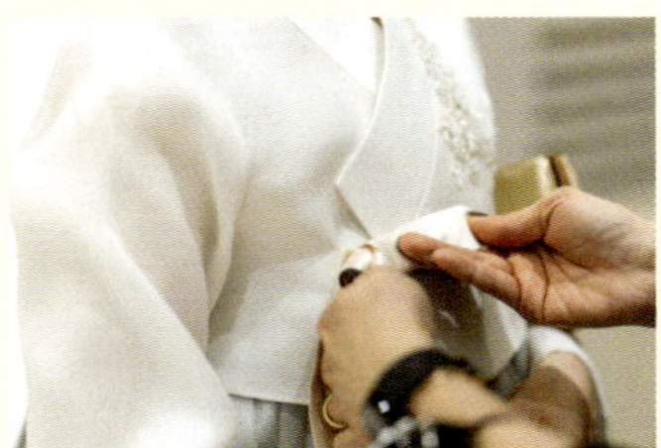

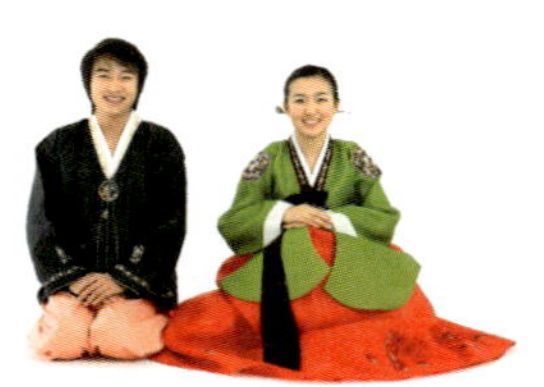

### 🎯 주요 단어

| | | | |
|---|---|---|---|
| ☑ 속치마 | ☑ 속저고리 | ☑ 대님 | ☑ 버선 |
| ☑ 동정 | ☑ 옷고름 | ☑ 마고자 | ☑ 공수 |
| ☑ 큰절 | ☑ 반절 | | |

# 1. 한복 입기

## 1) 여자 한복 입는 순서

(1) 속바지와 속치마를 입고 버선을 신는다.

(2) 치마를 입고 앞에서 묶는다.

(3) 속저고리나 속적삼을 입는다.

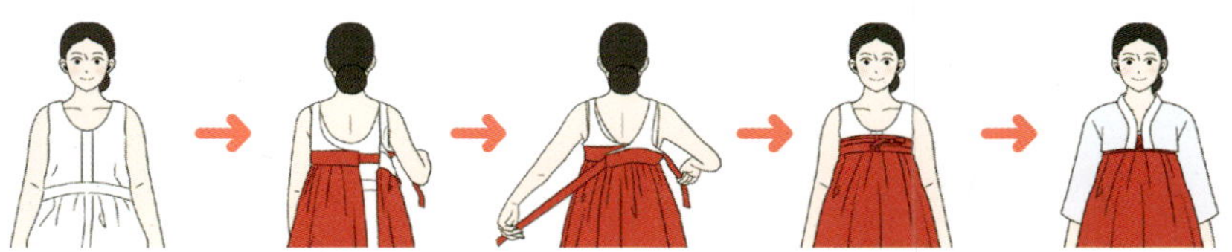

(4) 저고리를 입고 고름을 맨다.

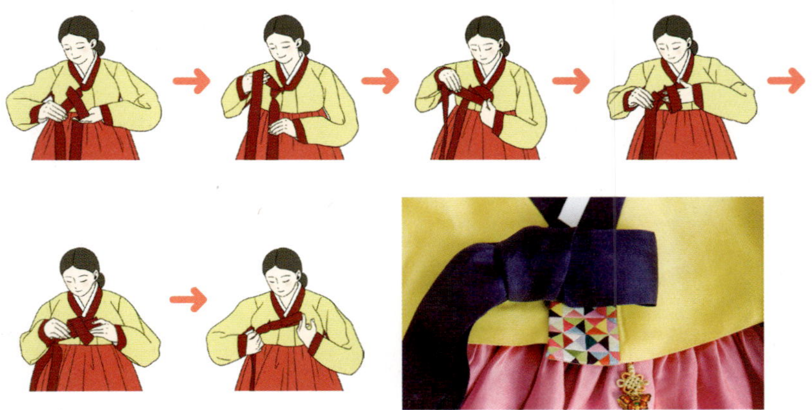

## 2) 남자 한복 입는 순서

(1) 속옷을 입고 바지를 입고 허리띠를 한다.

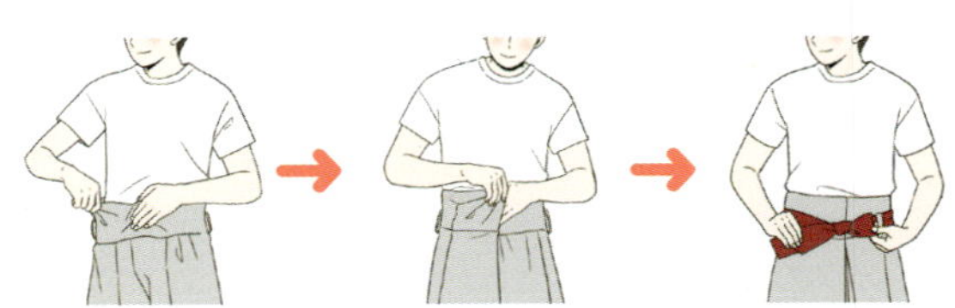

(2) 동정을 잘 맞춰 저고리를 입고 옷고름을 맨다.

(3) 버선을 신고 대님을 맨다.

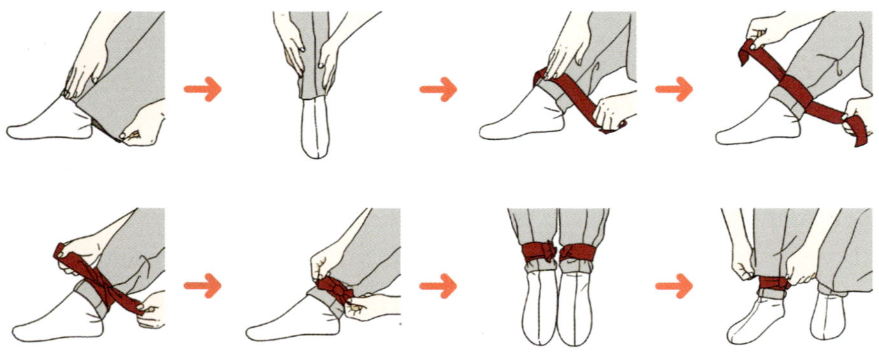

(4) 저고리를 입고 고름을 맨다.

(5) 마고자를 입을 때는 안에 입은 옷이 마고자 밖으로 나오지 않게 한다.

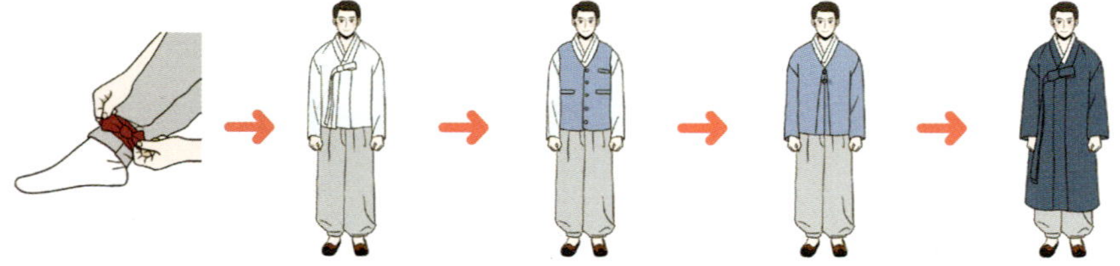

## 2. 절하기

### 1) 여자 절하는 방법

(1) 오른손이 왼손 위로 올라가도록 손을 포개어 어깨 높이로 수평이 되
게 올린 뒤, 고개를 숙여 이마를 공수한 손등에 붙인다.

(2) 왼쪽 무릎을 먼저 꿇고 오른쪽 무릎을 꿇은 뒤, 엉덩이를 내려서 깊
이 앉는다.

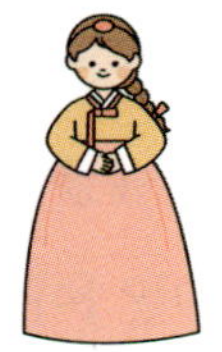 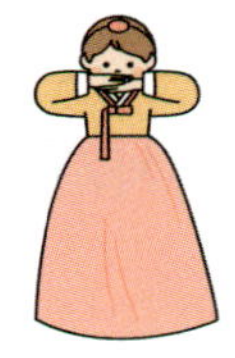 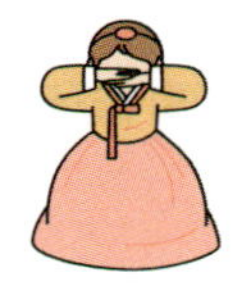 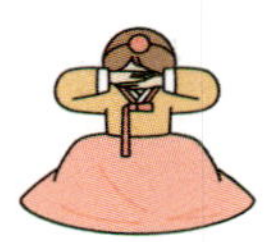 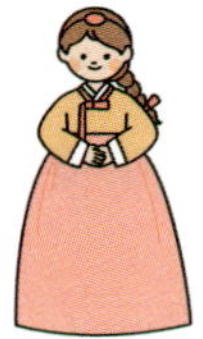

(3) 윗몸을 반(45도)쯤 앞으로 굽힌 뒤, 잠시 머물러 있는다.

(4) 상체를 일으키고 오른쪽 무릎을 먼저 세우고 일어선 뒤, 묵례한다.


## 2) 남자 절하는 방법

(1) 왼손이 오른손 위로 올라가도록 손을 포개어 눈높이까지로 올렸다가 내리면서 허리를 굽혀 공수한 손을 바닥에 짚는다.

(2) 왼쪽 무릎을 먼저 꿇고 오른쪽 무릎을 꿇은 뒤, 엉덩이를 내려서 깊이 앉는다.

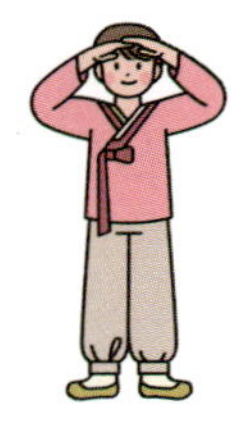 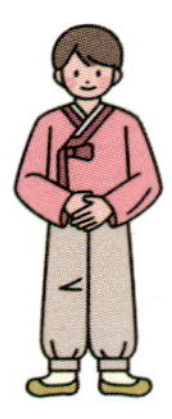 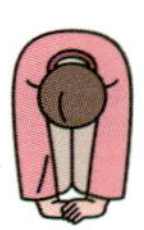 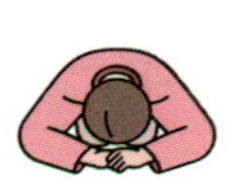 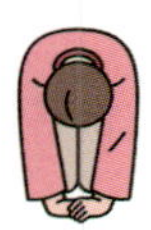 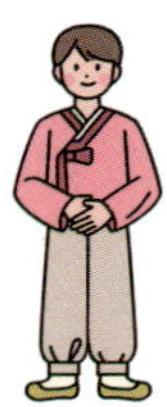

(3) 팔꿈치를 바닥에 붙이며 이마를 공수한 손등에 가까이에 대고 잠시 머물러 있는다.

(4) 상체를 일으키고 오른쪽 무릎을 먼저 세우고 일어선 뒤, 묵례한다.

## 🔍 단어 해설

| | |
|---|---|
| **의례** | 정해진 방식에 따라 치르는 행사 |
| **조화** | 서로 잘 어울림. |
| **고전적** | 전통적이며 예스러운 것 |
| **보완하다** | 모자라거나 부족한 것을 보충하여 완전하게 함. |
| **좌식 생활** | 바닥에 앉아서 일을 하거나 지내는 생활 |
| **공수** | 의식 행사에 참여했을 때, 전통 배례를 할 때, 어른 앞에서 공손한 자세를 취할 때 두 손을 앞으로 모아 포개어 잡은 자세 |
| **묵례** | 말없이 고개만 숙이는 인사 |
| **반절** | 다른 사람에게 절을 받을 때 답례로 하는 절로 앉은 자리에서 절하는 방식으로 자세를 고치고 고개만 약간 숙이는 절 |
| **동정** | 저고리나 두루마기의 깃 위쪽에 다는 흰색의 긴 헝겊 |
| **고름** | 저고리나 두루마기의 앞길을 여며 고정시키기 위하여 가슴 근처에서 맺는 약간 폭이 있는 두 개의 끈 |

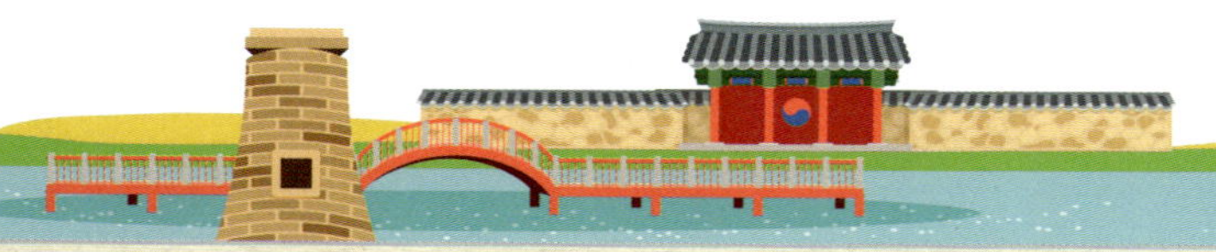
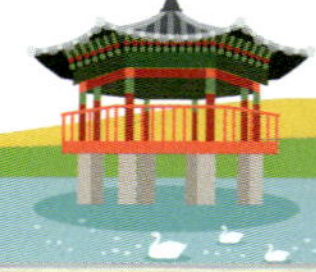

## 풀어 봅시다

**1. 빈칸에 들어갈 알맞은 단어를 쓰십시오.**

    (1) 여자의 한복은 (　　　　　)와/과 (　　　　　)이다.

    (2) 남자의 한복은 (　　　　), (　　　　), (　　　　), (　　　　) 등
       이 있다.

    (3) 여자는 절할 때 (　　　　)손이 위로 올라가도록 손을 포갠다.


**2. 한국의 한복과 여러분 나라의 전통 옷을 비교해 봅시다.**

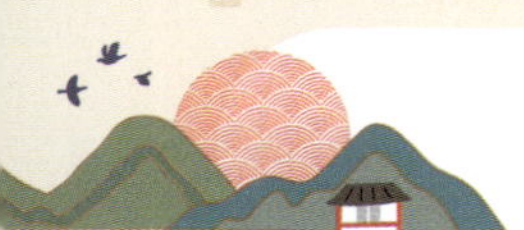

# 제4강

# 한국의 음식

 김치



1. 한국의 발효 식품에 대해 알 수 있다.

2. 지역별로 유명한 음식에 대해 알 수 있다.

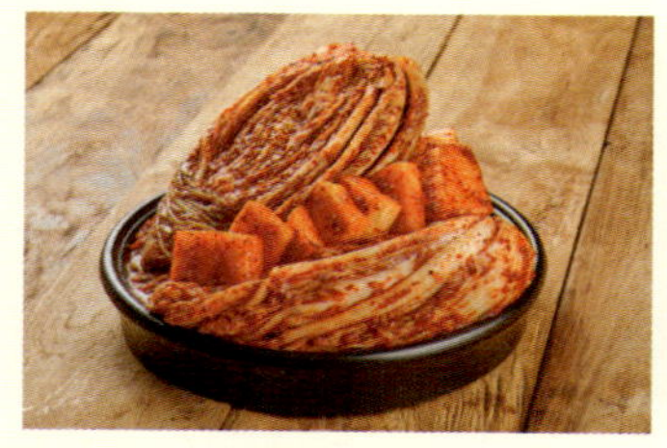
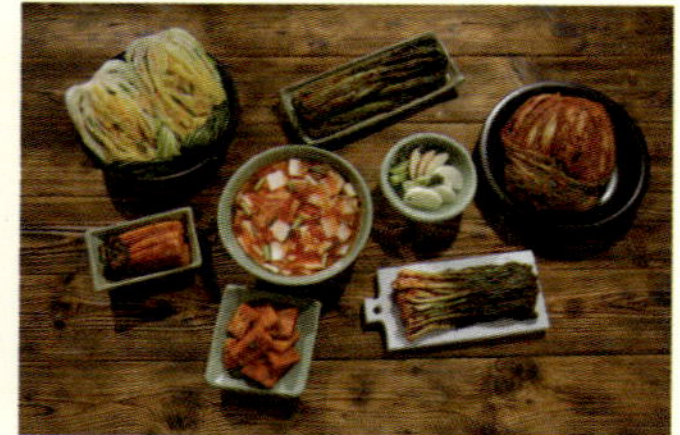
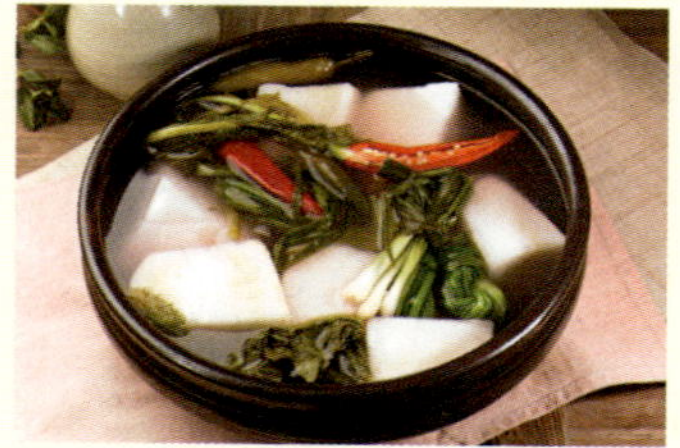
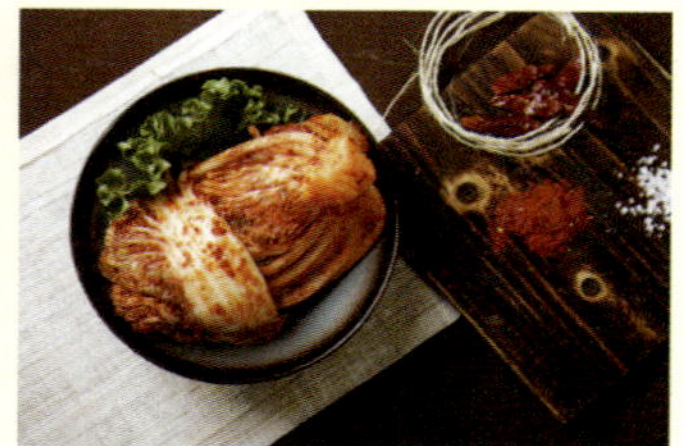



- ✔ 메주
- ✔ 발효 음식
- ✔ 된장 / 고추장 / 간장
- ✔ 반찬
- ✔ 젓갈
- ✔ 탕
- ✔ 찌개
- ✔ 유산균
- ✔ 영양소
- ✔ 김치

　한국은 농업을 바탕으로 곡물 음식이 발달하였고, 콩으로 메주를 쑤어 담그는 된장, 고추장과 같은 발효 음식도 발달하였다. 한국인의 식사는 밥을 주식으로 하고, 김치를 비롯한 여러 가지 반찬을 곁들여 먹는 형태이며, 국이나 탕, 찌개 등도 빠지지 않고 식탁에 오른다. 이러한 탕, 찌개 때문에 한국인들은 숟가락을 많이 사용한다.

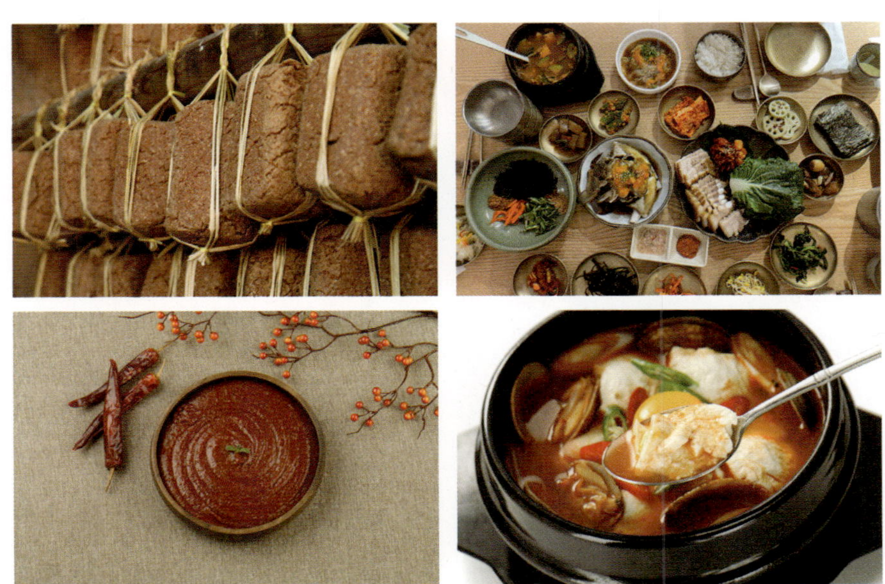

## 1. 한국의 발효 식품, 김치

　한국의 대표적인 발효 식품은 채소를 발효시킨 김치와 콩을 발효시킨 장류(된장, 고추장, 간장)이다. 그중에서도 특히 김치는 발효되면 맛도 한 가지가 아니라 매운맛, 신맛, 단맛, 짜고 쓴맛의 다섯 가지의 맛을 낸다. 김치 냄새는 한국을 처음 방문하는 외국인들을 당황하게 만든다. 그러나 김치를 먹을 기회가 많아지게 되고 점차 그 맛에 빠지게 된다.

긴 겨울을 보내야 하는 한국에서 채소, 생선을 오랫동안 안전하게 먹기 위해서는 적절한 저장 방법이 필요했다. 가장 간단한 방법으로는 건조법이 이용되었을 것이다. 그러나 소금을 사용하게 되면서 채소나 생선을 소금에 절여 김치, 또는 젓갈로 만들어 먹게 되었다.

김치의 중요한 영양소는 채소를 발효시키는 과정에서 발생하는 유산균이다. 이러한 유산균은 소화를 돕고 장을 깨끗하게 해 준다. 또한 양념에 들어가는 고추에는 비타민 C가 풍부하게 들어 있어 겨울철 부족한 영양소를 채워 준다. 그러나 소금을 많이 넣은 김치는 오히려 건강에 나쁜 영향을 줄 수 있으니 주의해야 한다.

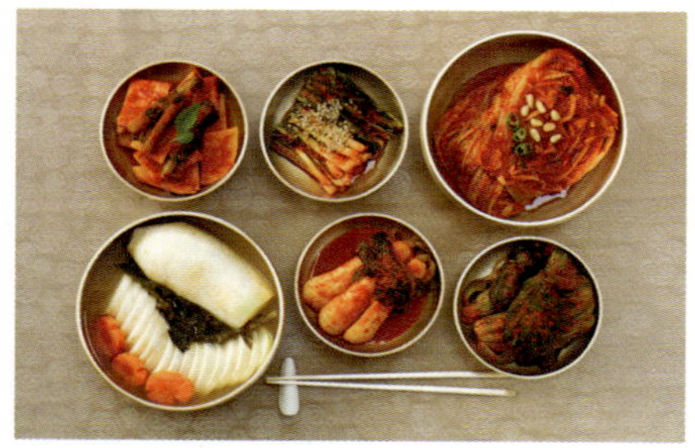
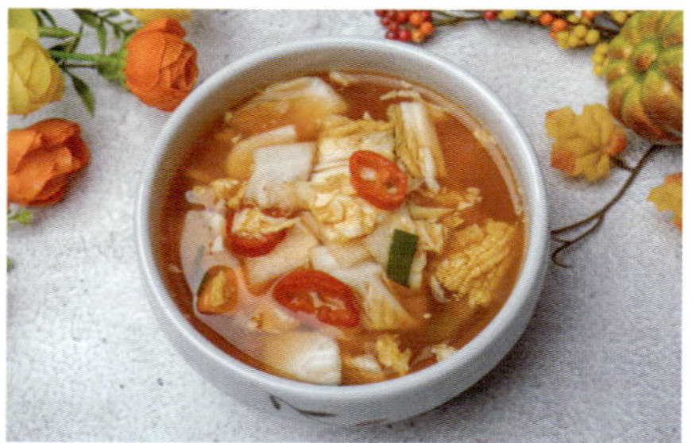

## 2. 김치의 종류

김치는 약 300종류가 있고 지역마다 김장 담그는 법과 재료도 다르다. 추운 북쪽 지방에서는 김치를 국물이 많게 담가 싱겁고 담백하게 먹는 반면, 따뜻한 남쪽 지방에서는 저장성을 높이기 위해 국물을 적게 담그고 맵고 짜게 만들어 먹는다.

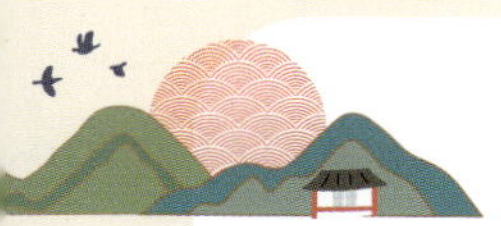

# 제4강

# 한국의 음식

**4-2** 지역별 유명한 음식



1. 한국의 지역별 유명한 음식에 대해 알 수 있다.

2. 외국인이 먹기 힘들어하는 한국 음식을 알 수 있다.

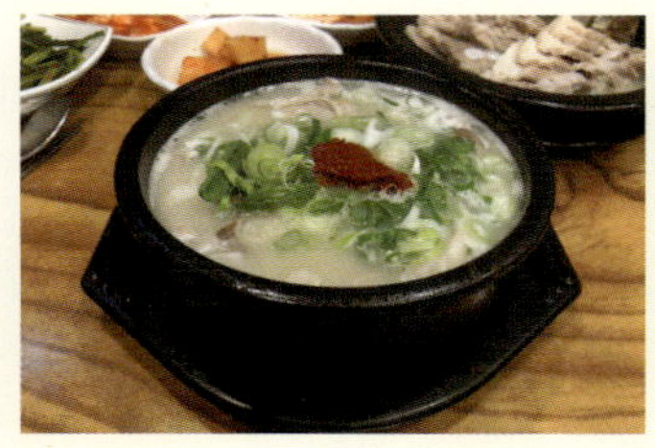
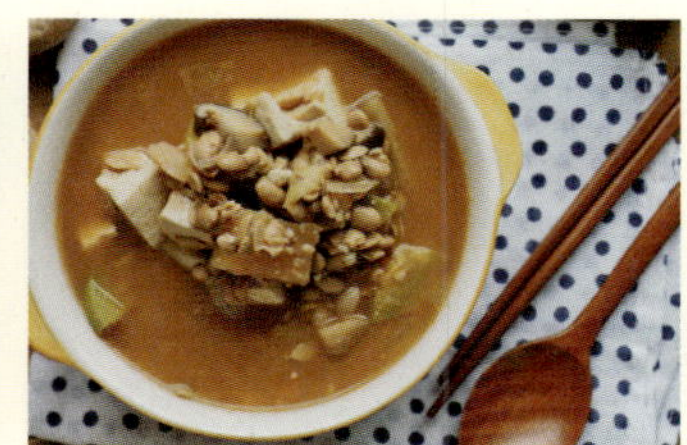
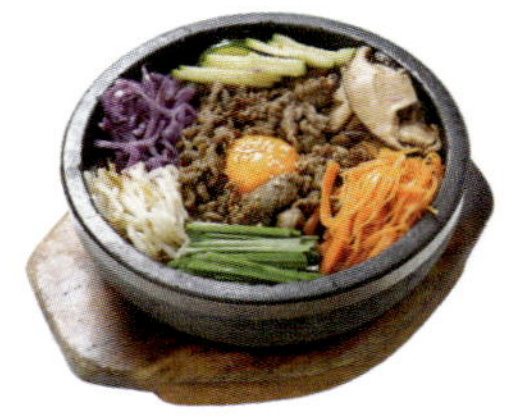
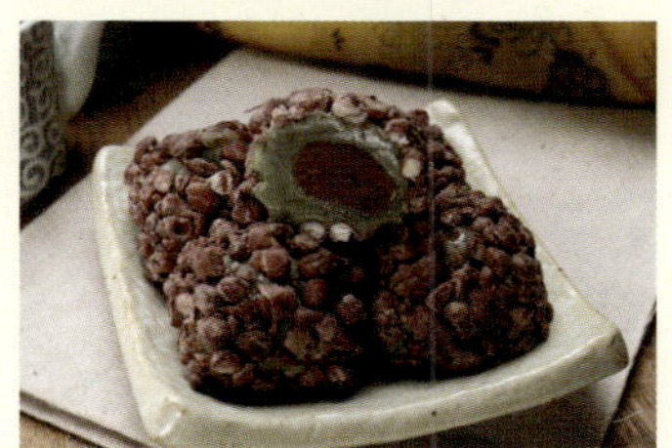



| | | | |
|---|---|---|---|
| ☑ 설렁탕 | ☑ 해장국 | ☑ 돼지국밥 | ☑ 밀면 |
| ☑ 비빔밥 | ☑ 불고기 | ☑ 충무김밥 | ☑ 오징어무침 |
| ☑ 깍두기 | ☑ 아귀찜 | ☑ 전복죽 | ☑ 오메기떡 |

한식은 재료와 조리법이 다양하다. 한국은 사계절 구분과 기후의 지역적 차이로 식재료가 다양하게 생산된다. 따라서 지역마다 음식의 종류가 다르고 맛도 다양한 것이 한식의 특징이다.

## 1. 지역별 대표 음식

### 1) 서울

(1) 설렁탕: 뼈가 붙은 고기를 넣고 오랫동안 끓인 음식이며, 국물 색이 희고 먹을 때 소금 간을 해서 먹는다.

(2) 해장국: 소뼈를 푹 고아 선지, 된장, 배추 우거지, 콩나물 등을 넣어 끓인다. 일종의 토장국으로 쓸쓸한 맛이 특징이다.

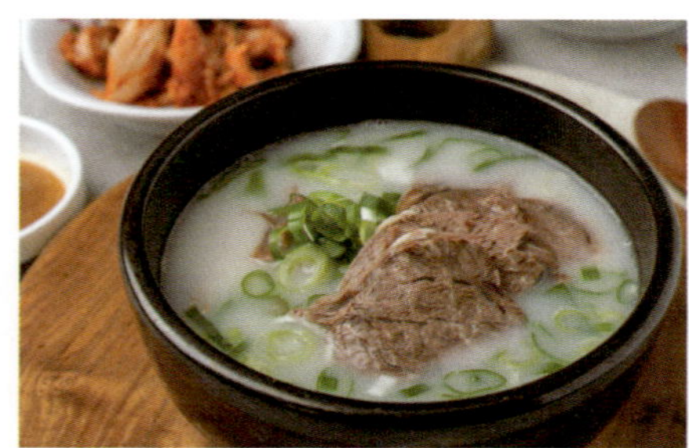 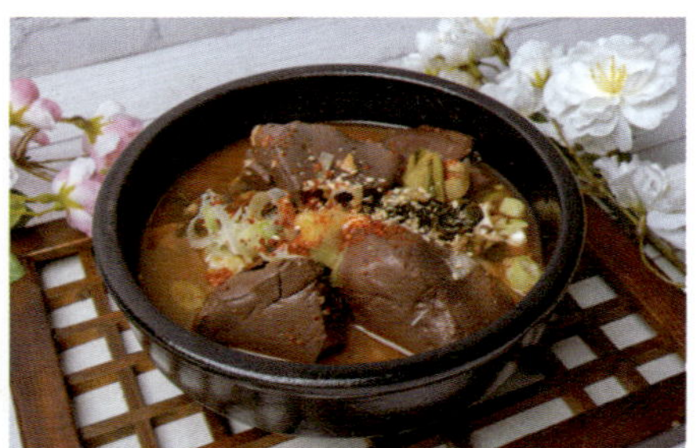

### 2) 부산

(1) 돼지국밥: 부산을 대표하는 음식 중 하나이며, 돼지 뼈를 끓인 육수에 밥을 넣어서 먹는 음식이다.

(2) 밀면: 밀가루와 고구마 가루, 감자 가루 등을 섞어서 만든 면과 소뼈, 여러 가지 약초, 채소 등을 넣고 끓인 육수를 시원하게 해서 함께 먹는 음식이다.

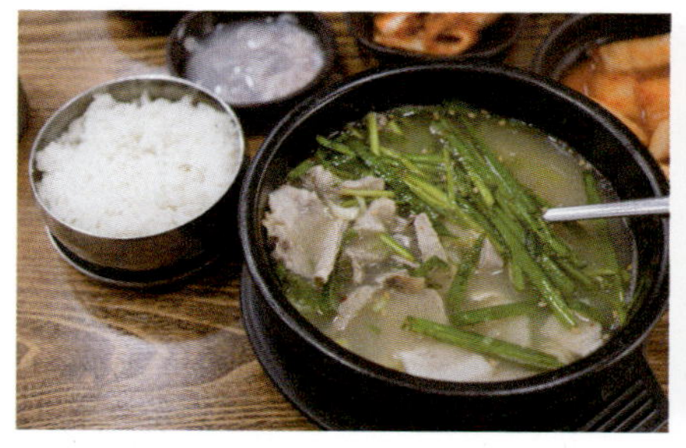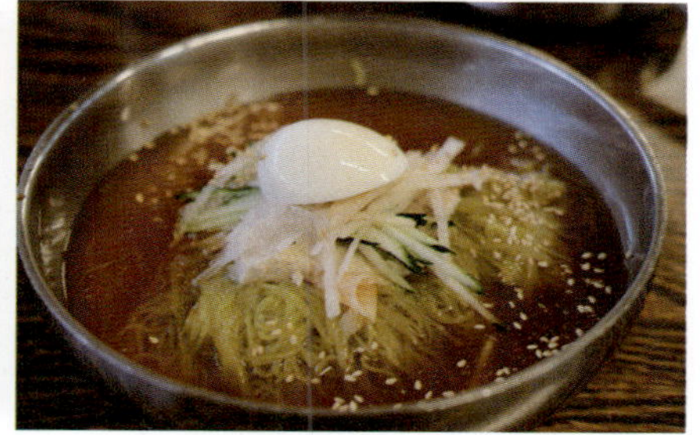

## 3) 전라도

(1) 비빔밥(전주): 비빔밥은 밥에 여러 가지 나물을 넣어 비벼 먹는 음식으로 전국 어디서나 즐겨 먹는 음식이지만 특히 전주비빔밥이 유명하다.

(2) 떡갈비(담양): 조선 시대 궁중 연회 음식에서 유래되었으며, 임금이 즐기던 고급 요리로 알려져 있다. 소고기를 곱게 다져서 떡처럼 납작하게 만들어 달콤하고 짭짤한 양념으로 숯불에 구운 것이 특징이다.

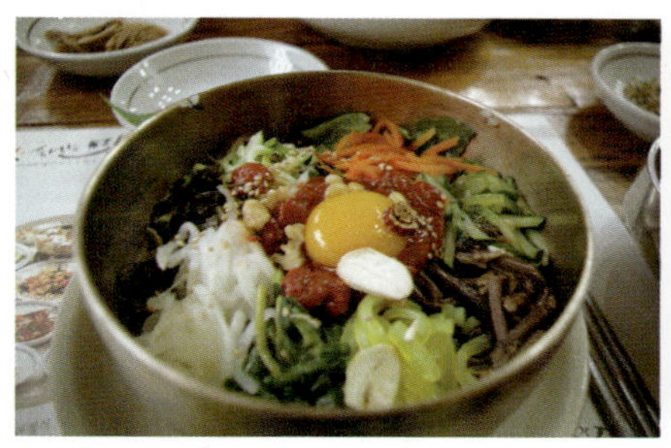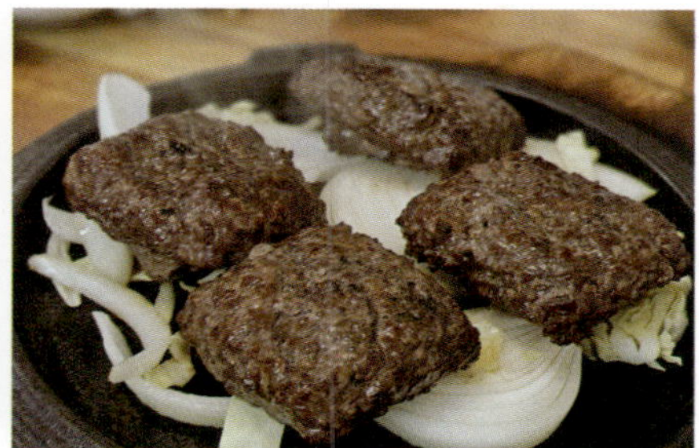

## 4) 경상도

(1) 충무김밥(통영): 다른 김밥과는 달리 속에 반찬을 넣지 않는 것이 특징이다. 참기름을 바르지 않은 김으로 손가락만 하게 싼 밥에 깍두기와 오징어무침을 함께 먹는 음식이다.

(2) 아귀찜(마산): 뜨겁고 매운 음식으로 겨울철에 먹으면 몸이 따뜻해
진다. 아귀찜은 아귀에 갖은 양념과 채소를 넣어서 쪄 낸 음식이다.
쫄깃쫄깃한 아귀 살, 매콤한 미나리와 콩나물을 함께 먹는다.

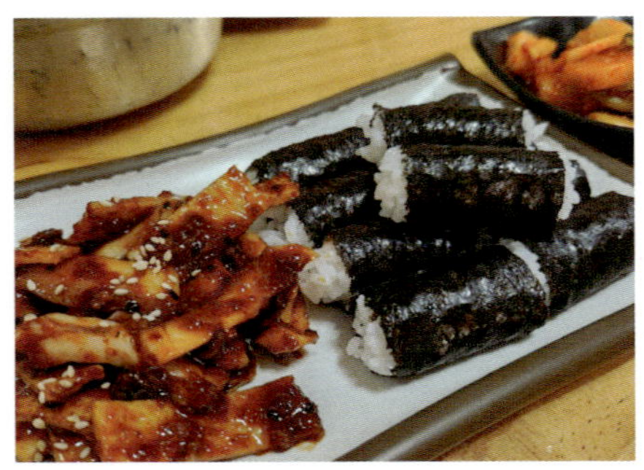
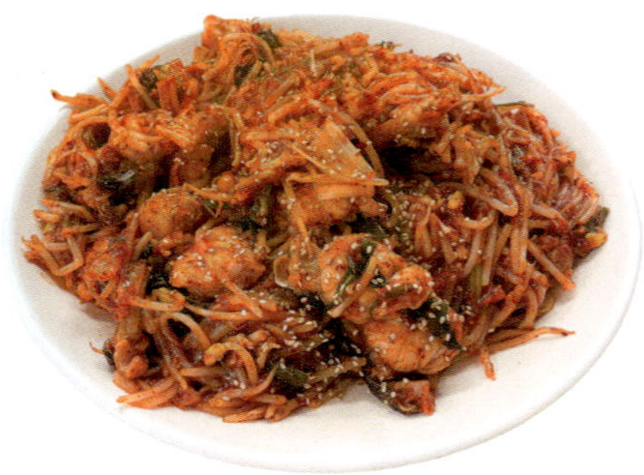

## 5) 제주도

(1) 전복죽: 전복죽은 전복을 얇게 저며서 불린 쌀과 함께 쑨 죽으로 내
장을 함께 넣으면 노랑과 초록의 중간인 연두색, 즉 은은한 녹두빛이
나며 특이한 향과 쌉쌀한 맛이 나는 음식이다.

(2) 오메기떡: 오메기떡은 차조 가루를 둥글게 빚어 도넛처럼 가운데 구
멍을 내고 삶아서 콩가루나 팥고물에 굴린 떡이다.

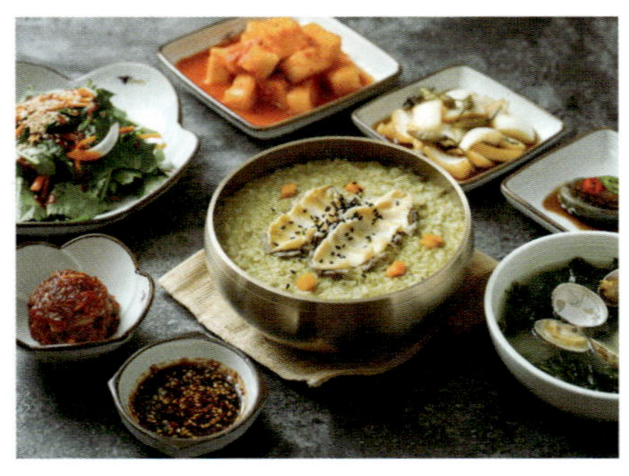
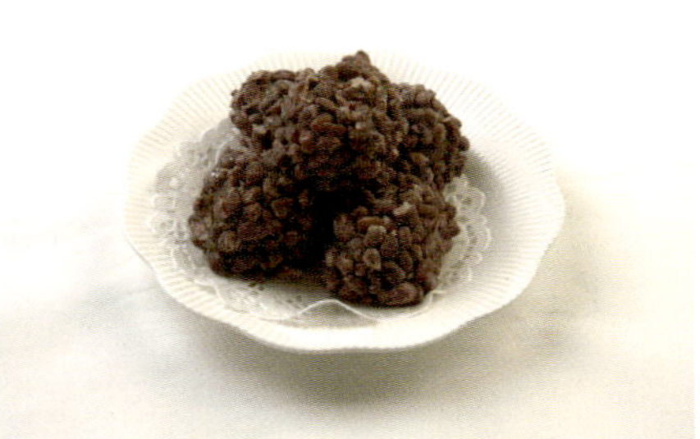

## 2. 외국인들이 먹기 힘들어하는 한국 음식

(1) 홍어: 홍어는 전라도 지역의 음식으로 다른 생선과 달리 항아리에 짚, 소금 등을 함께 넣고 삭혀서 먹는다. 홍어는 마치 상한 음식처럼 냄새가 고약하고, 먹었을 때는 암모니아 냄새를 맡은 것처럼 코에서 '톡' 쏘는 느낌이 난다.

(2) 산낙지: 산낙지는 '살아 있다'는 의미의 '산'과 해산물인 '낙지'를 결합하여 만든 단어이다. 낙지는 죽은 이후에도 마치 살아 있는 것처럼 다리가 움직이는데, 이렇게 움직이는 낙지를 그대로 참기름에 찍어서 먹는다. 산낙지를 먹을 때는 다리가 목에 달라붙지 않도록 주의해야 한다.

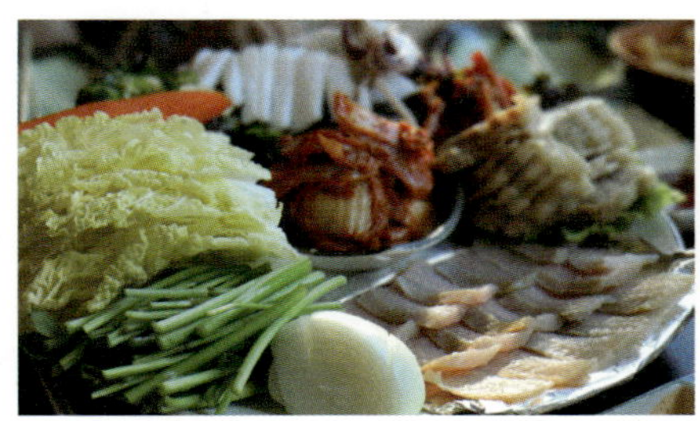
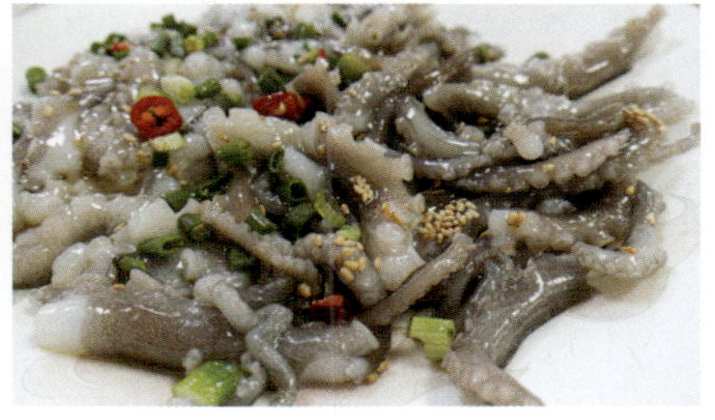

(3) 번데기: 한국은 1960년대 누에나방을 이용하여 실을 만드는 공장이 많았다. 이때 공장에서 나온 많은 양의 번데기가 먹을 것이 부족하던 서민들의 식품으로 이용되면서 대중적인 한국 음식이 되었다. 그러나 최근에는 번데기 음식을 찾는 사람들이 많이 없다.

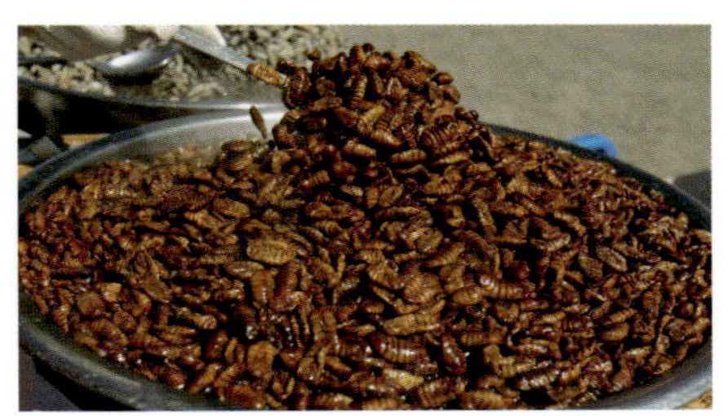
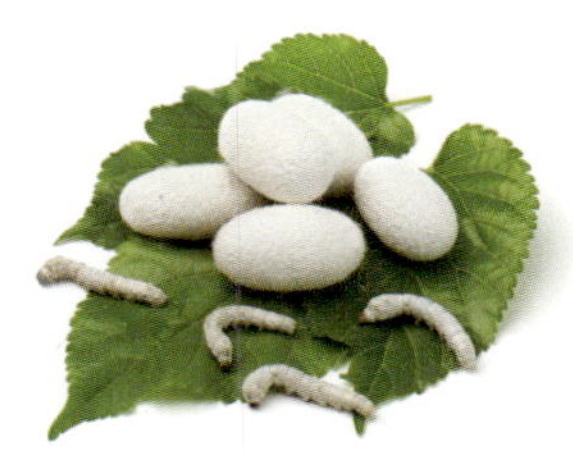

(4) 게장: 게장은 젓갈류의 음식으로서, 신선한 게를 간장 또는 고춧가루에 절인 음식이다. 간장에 절인 게장을 간장게장이라고 하며 고춧가루를 이용해서 절인 게장을 양념게장이라고 한다. 게장은 지역별로 다양한 형태로 나타난다.

(5) 청국장(찌개): 영양소가 풍부한 청국장은 콩을 삶아 발효시키고 양념장을 섞어서 만든 음식이다. 된장과는 달리 단기간에 숙성시킬 수 있다.

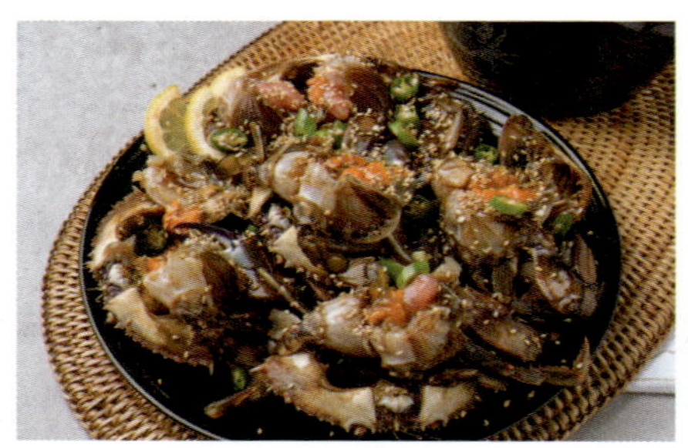
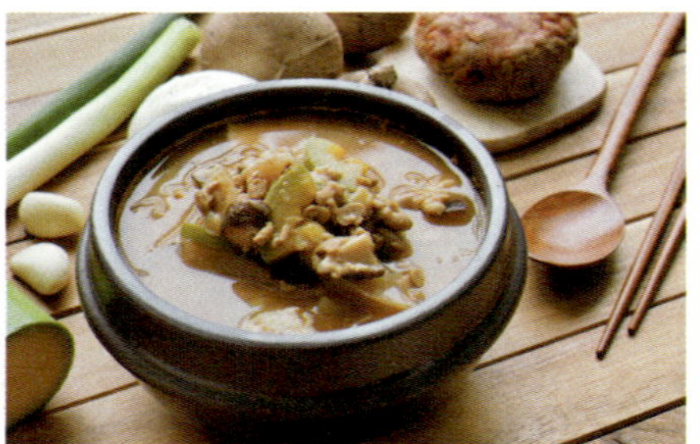

| | |
|---|---|
| **농업** | 땅을 이용하여 사람들의 생활에 필요한 식물을 가꾸거나 동물을 기르는 산업 또는 그런 직업 |
| **곡물** | 사람의 식량이 되는 쌀, 보리, 콩, 조, 기장, 수수, 밀, 옥수수 등을 이르는 말 |
| **쑤다** | 곡식의 알이나 가루를 물에 끓이고 익혀서 만드는 것(죽, 메주 등) |
| **발효** | 효모나 미생물에 의해 음식의 재료가 분해되고 변화하는 작용(치즈, 요구르트 등) |
| **유산균** | 음식물의 소화를 도와주고 변비를 예방하는 역할을 하며 몸을 건강하게 유지하는 데 도움을 주어 다른 질병을 예방하는 효과가 있는 작은 생물 |
| **영양소** | 우리 몸에 필요한 영양분과 생활에 필요한 에너지를 공급해 주는 물질 |
| **삭히다** | (사람이 담가 놓은 음식물을) 발효시켜서 맛이 들게 하는 것 |
| **절이다** | (사람이 생선이나 채소를 소금에) 간이 들게 하거나 숨이 죽도록 소금기가 배어들게 하는 것 |
| **숙성** | 식품 속의 단백질·지방·탄수화물 등의 영양소들이 효소·미생물·염류 등의 작용을 통해 안에 들어 있는 영양소들이 분해되어 기존의 성질과 다른 특유의 향과 맛을 가지도록 하는 것 |

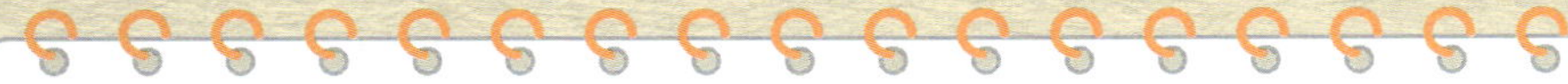

### 풀어 봅시다

**1. 이것은 무엇입니까?**

이것은 한국의 김치와 된장을 만드는 방법이다. 건강에 좋은 음식을 만드는 방법으로 치즈, 고추장, 간장도 이런 원리로 만든다.

**2. 여러분 나라의 대표적인 음식은 무엇입니까?**

**3. 여러분 나라의 음식과 한국 음식의 다른 점을 이야기해 봅시다.**

MEMO

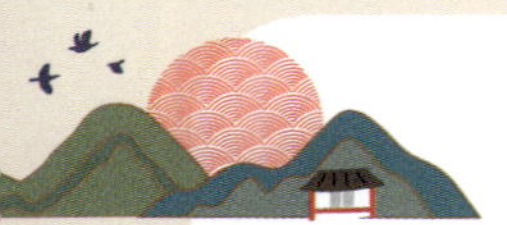

# 제5강

# 한국의 집

**5-1** 한옥에 담긴 과학 원리

## 학습 목표

1. 한옥의 형태와 종류에 대해 알 수 있다.

2. 한옥의 구조를 통해 과학적 원리를 이해할 수 있다.

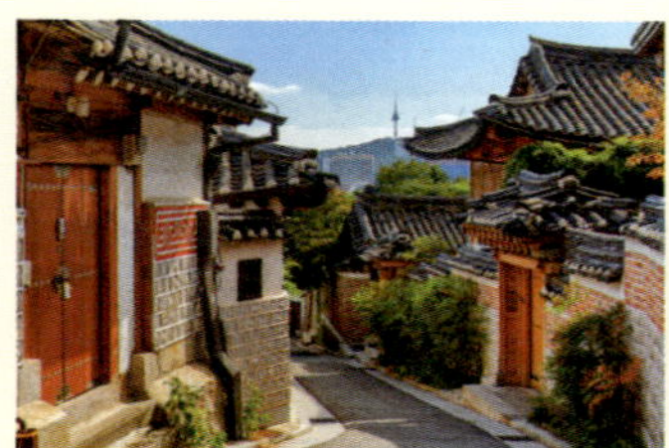
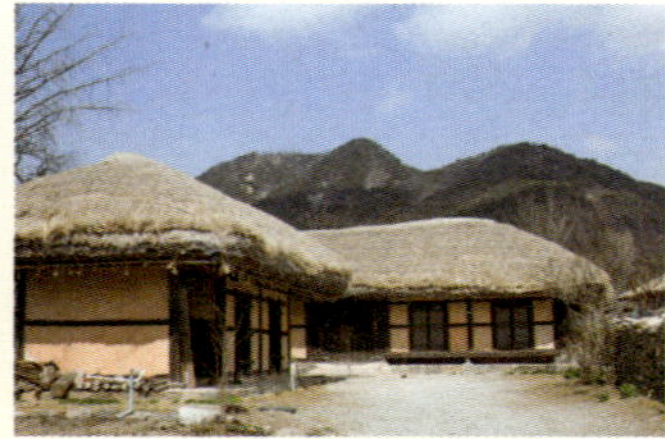
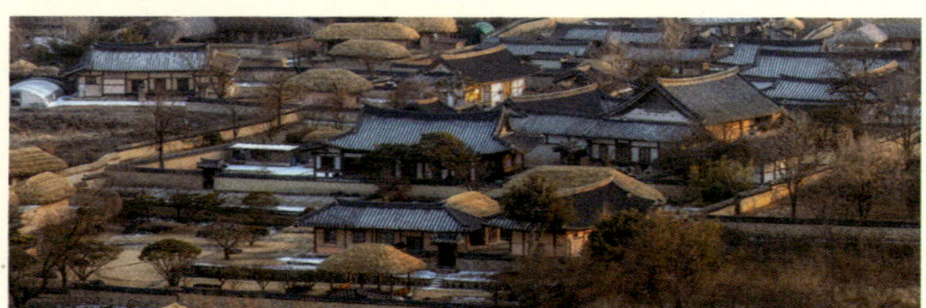

## 주요 단어

- ☑ 한옥
- ☑ 한지
- ☑ 마루
- ☑ 초가집
- ☑ 너와집
- ☑ 마당
- ☑ 민속촌
- ☑ 처마
- ☑ 대류 현상
- ☑ 창호지

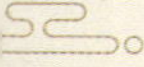

# 1. 한옥

  한국의 전통적인 주거 양식인 한옥은 자연의 것을 그대로 이용하여 만든 집이다. 집의 재료로 돌이나 나무, 진흙을 이용하였고 창문이나 문에는 한지를 발라서 전체적으로 자연스러운 멋이 있었다. 한옥의 생활 공간으로는 방과 마루가 있다. 방에는 방바닥에 온돌을 두어 바닥을 따뜻하게 데웠고, 마루에는 바닥에 나무를 깔고 남쪽과 북쪽에 창이나 문을 내어 여름에 시원한 바람이 통하게 하였다.

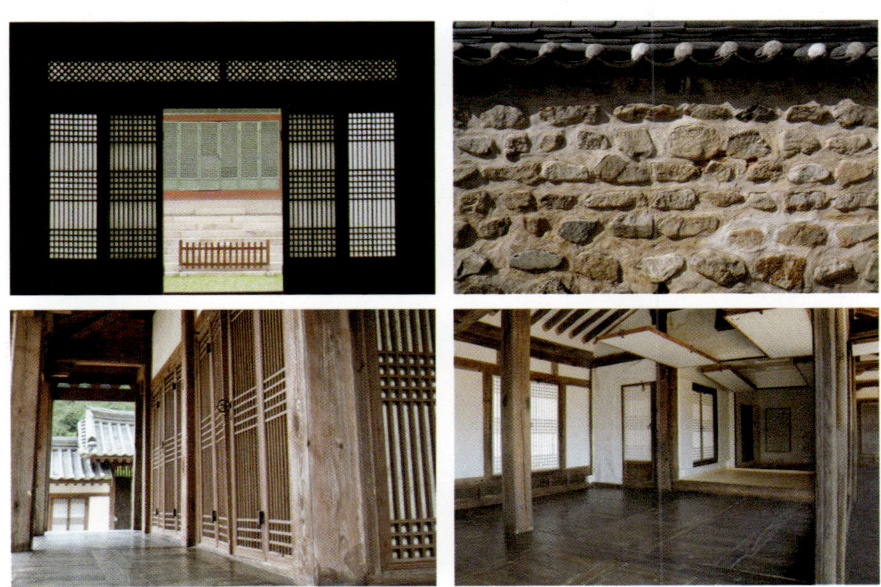

  그리고 초가집, 너와집과 같은 집들도 한옥의 범주에 포함된다고 할 수 있다. 따라서 한옥이란 온돌과 마루, 부엌과 마당 등으로 구성된 공간을 바탕으로 한 한국의 전통적인 목구조 방식을 기본으로 만들어진 건축물로 정의하고 있다.

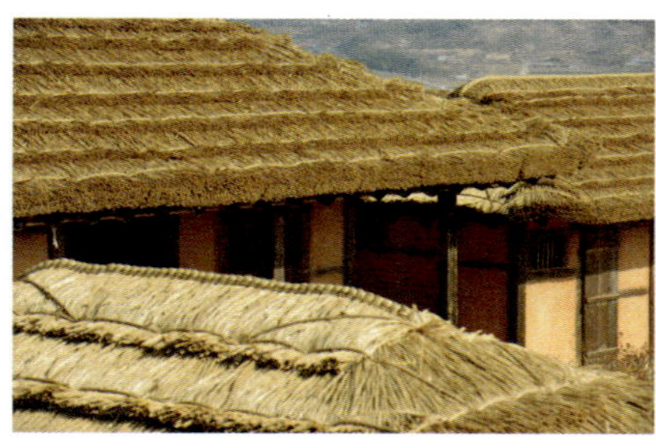 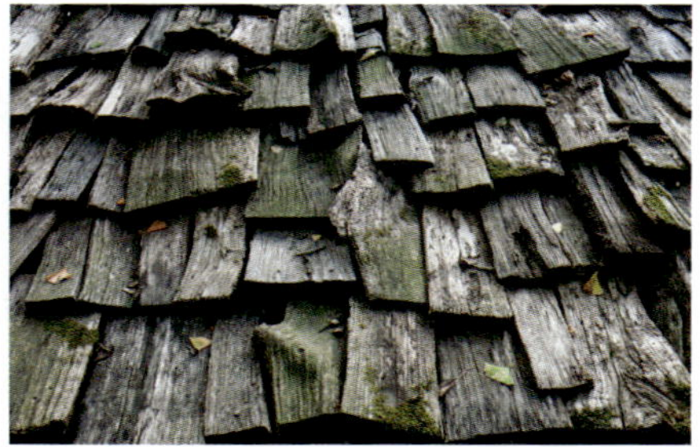

　　도시화가 진행되면서 한국인들의 주거 형태는 예전과 많이 달라졌다. 1970년대에 보급되기 시작한 아파트에 대한 선호도가 해마다 증가하였다. 따라서 현재 아파트는 전체 주택 수의 60%를 차지하고 있고 한옥은 민속촌이나 시골 마을에서나 볼 수 있게 되었다.

　　오늘날 한옥에 사는 사람은 그리 많지 않지만 한옥의 온돌과 마루는 여전히 한국인들에게 사랑을 받고 있다.

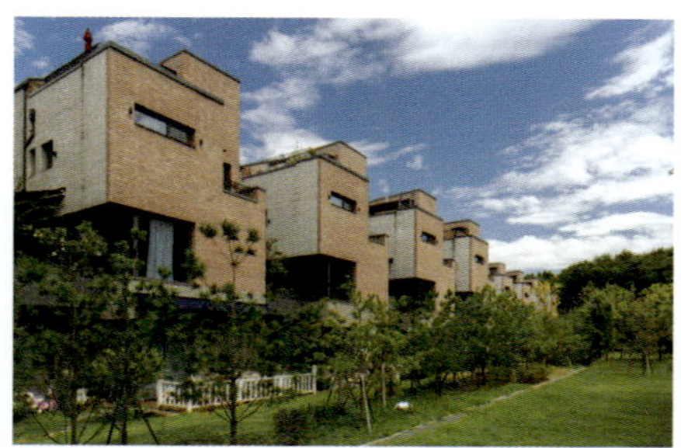 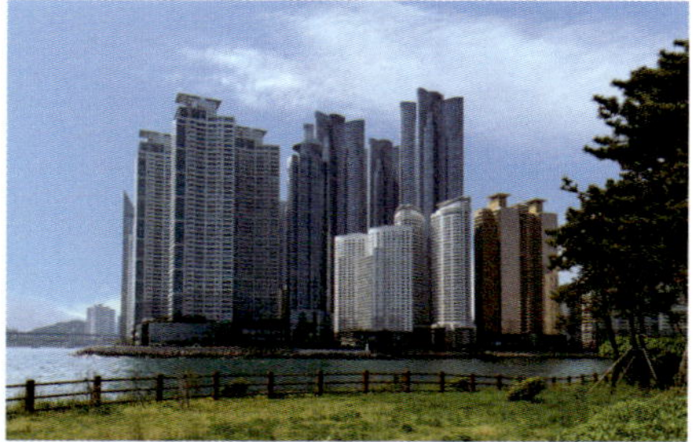

## 2. 한옥의 과학적 원리

### 1) 처마

　　지구의 자전축이 기울어져 있기 때문에 햇빛이 땅에 떨어지는 각도가 계절에 따라 다르다. 한여름에는 햇빛이 수직으로 내려오지만 처마의 튀어나온 부분 때문에 뜨거운 햇빛이 마루로 들어오지 못해서 더위를 막을 수 있다. 반대로 겨울에는 햇빛이 낮은 각도로 비치기 때문에 마루 안까지 오랫동안 따뜻한 기운이 들어올 수 있도록 설계된 것이 한옥의 처마이다.

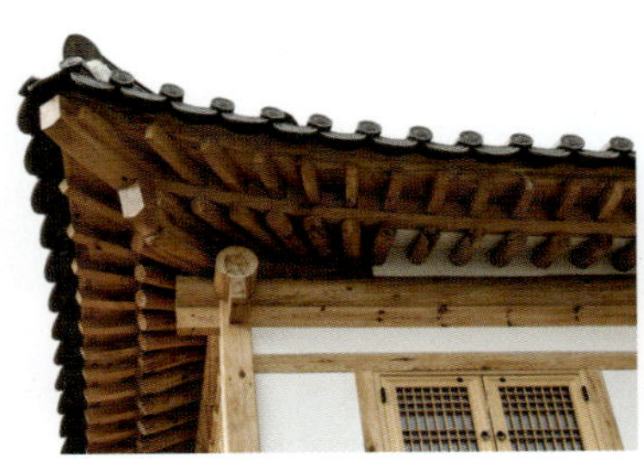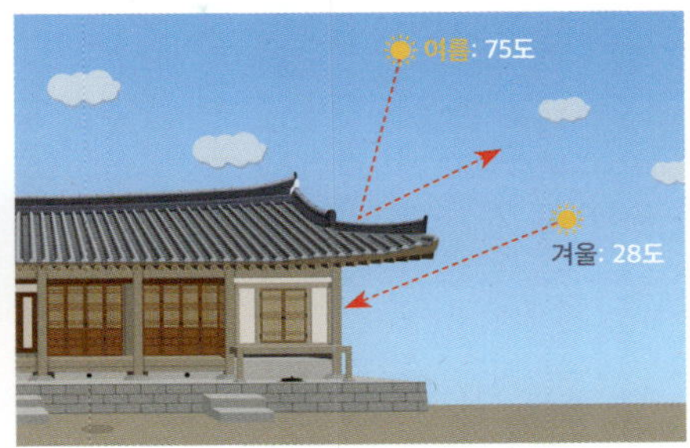



## 2) 마당

한옥의 마당에는 하얀 모래를 깔아 두었는데, 이는 햇빛을 반사시켜 한옥 내부를 밝고 환하게 밝혀주는 역할을 한다. 또한 여름에는 햇볕 때문에 마당의 공기가 뜨거워지는 반면, 한옥의 뒷마당에 나무를 많이 심어서 그늘을 통해 공기를 시원하게 만들었다. 이로 인해 시원한 공기는 아래로, 뜨거운 공기는 위로 올라가며 대류 현상을 일으키게 되어 집 안에 시원한 바람이 불도록 설계하였다.

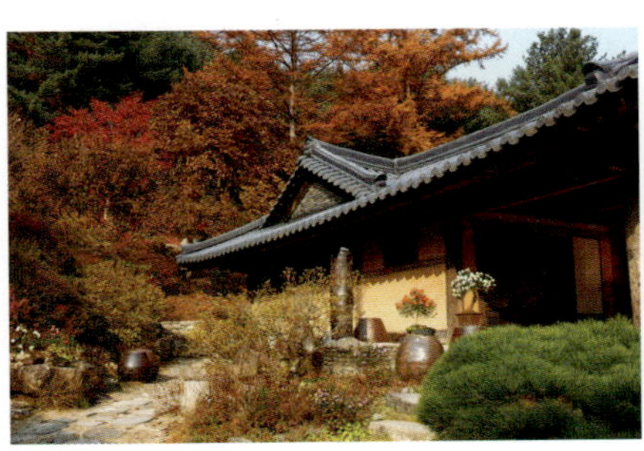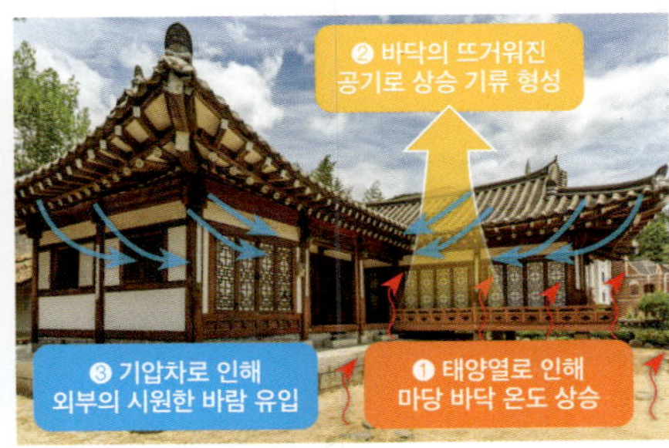

## 3) 창문

창문에 바른 창호지는 눈에 안 보이는 무수히 많은 구멍이 있어서 환기는 물론 방 안의 온도와 습도까지 자연적으로 조절되었다. 뿐만 아니라 창호지를 고정하는 창문은 아름다운 디자인과 실용성을 두루 갖추고 있다.

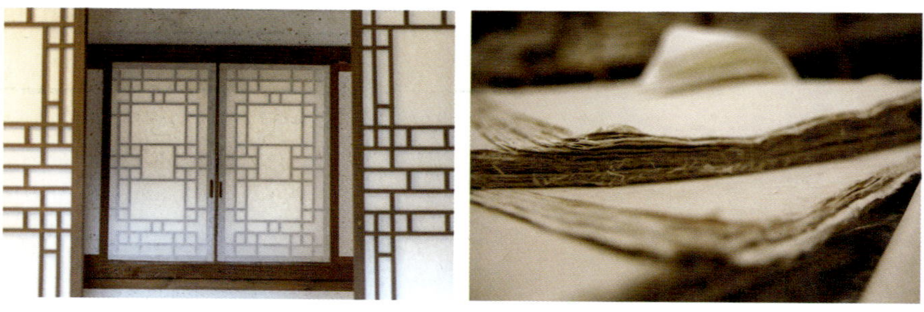

이처럼 한옥은 햇빛, 바람, 나무, 흙 등 자연물을 활용하여 친환경적이고 과학적인 방법으로 더위와 추위를 이겨냈다. 지금은 편리함을 강조한 현대 주택에 밀려 주변에서 한옥을 쉽게 찾아볼 수 없지만 한옥의 아름다움과 과학적인 건축 원리만큼은 높게 평가되고 있다.

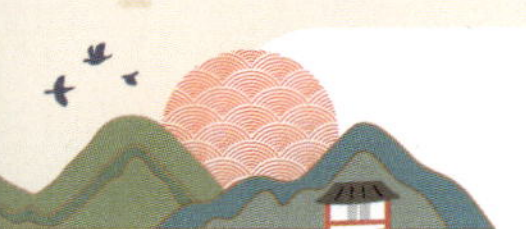

# 제5강

# 한국의 집

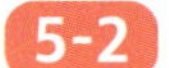  **5-2** 온돌



1. 온돌의 구조와 원리에 대해 알 수 있다.

2. 온돌을 통해 한국인의 주거 문화를 이해할 수 있다.

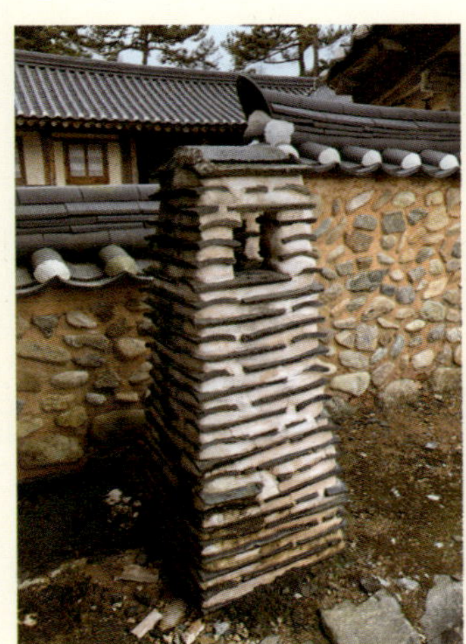

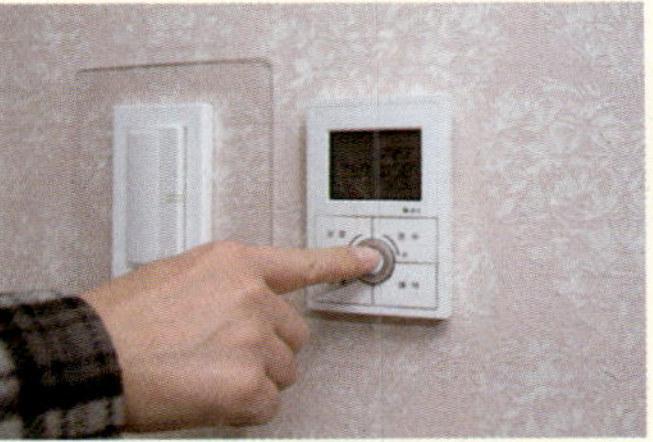

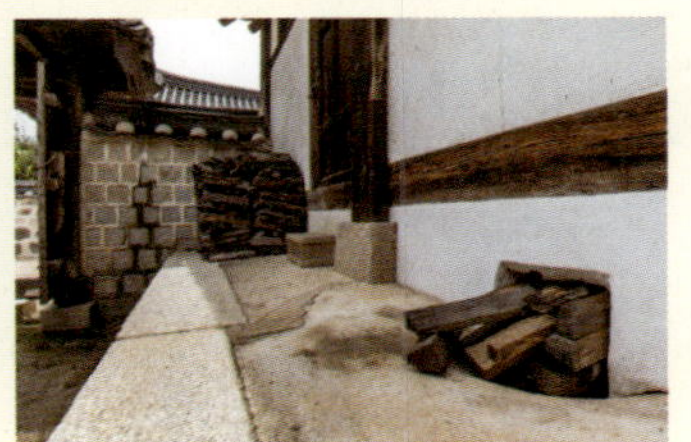



- ☑ 온돌
- ☑ 난방
- ☑ 보일러
- ☑ 구들
- ☑ 굴뚝
- ☑ 연기
- ☑ 벽난로
- ☑ 일석이조
- ☑ 주거

　주거 형태가 한옥에서 아파트로 변화하면서 많은 것이 바뀌었지만, 이러한 변화 속에서도 한국인들이 고집하는 오래된 관습이 있다. 그것은 바로 온돌이다. 한국인들은 초현대적인 아파트를 지어도 온돌에 살지 않는 경우는 없다. 또 아무리 서양식 주거 형태를 선호하더라도 신발을 신은 채로 생활하는 한국인은 아무도 없다.

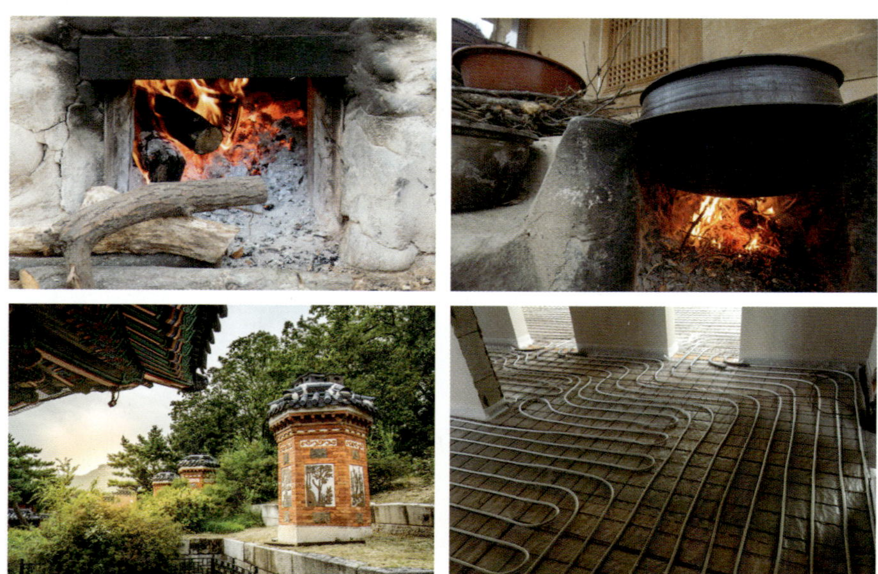

　온돌은 방바닥을 따뜻하게 하는 한국의 전통적인 난방 방법이다. 순수 우리말로 '구들'이라고도 하는데, 구들은 '구운 돌'의 약자이다. 한옥의 아궁이에서 불을 피우고, 아궁이의 뜨거운 연기가 방바닥에 깔린 통로를 지나면서 돌(구들장)을 데워 난방이 되고, 그 연기는 다시 통로의 끝에 있는 굴뚝으로 빠져 나가는 방식이다. 현대에는 온돌 형식을 활용한 온수 보일러가 개발되어 대부분의 가정에서 사용하고 있다.

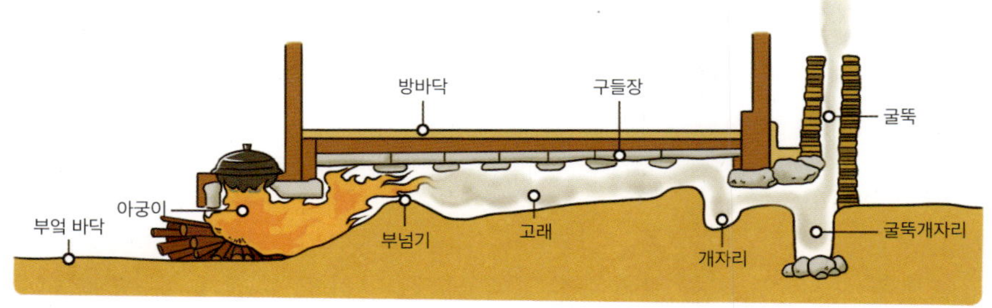


또한 온돌은 경제적인 난방 방법이다. 서양의 벽난로는 모든 열량 가운데 약 5분의 1만 방 안으로 전달된다고 한다. 이에 비해 온돌은 열량을 돌에 저축해 오랫동안 열을 뿜어내게 할 수 있다. 구들만 잘 깔면 열이 며칠을 가게 할 수도 있다고 한다. 또한 벽난로는 연기가 방 안으로 들어와 방 안의 공기를 오염시킬 수도 있지만 온돌은 그런 걱정을 하지 않아도 된다. 게다가 난방을 하면서 음식을 조리하는 것도 가능하기 때문에 일석이조라고 할 수 있다.

| | |
|---|---|
| **한지** | 닥나무 껍질 등으로 만든 한국 고유의 종이 |
| **마루** | 한옥의 방과 방 사이에 평평한 널빤지를 깔아 사람이 앉거나 걸을 수 있도록 만든 곳 |
| **초가집** | 짚이나 갈대 등을 묶어 지붕 위를 덮은 집 |
| **너와집** | 기와 대신 얇은 돌 조각이나 나무로 지붕을 덮은 집 |
| **마당** | 집의 앞이나 뒤에 있는 평평하고 비어 있는 땅 |
| **민속촌** | 옛날부터 전해 내려오는 고유한 생활 양식을 사람들에게 보여 주고 체험하게 하기 위하여 옛날 모습과 똑같이 만든 마을 |
| **처마** | 지붕의 바깥쪽으로 나와 있는 부분 |
| **구들장** | 불길과 연기가 나가는 통로 위에 깔린 방바닥을 만드는 얇고 넓은 돌 |
| **굴뚝** | 집이나 건물 위에 솟아 있는 것으로 불을 땔 때 연기가 밖으로 빠져 나가도록 하는 관 |
| **벽난로** | 집 안의 벽에 설치한 난로 |

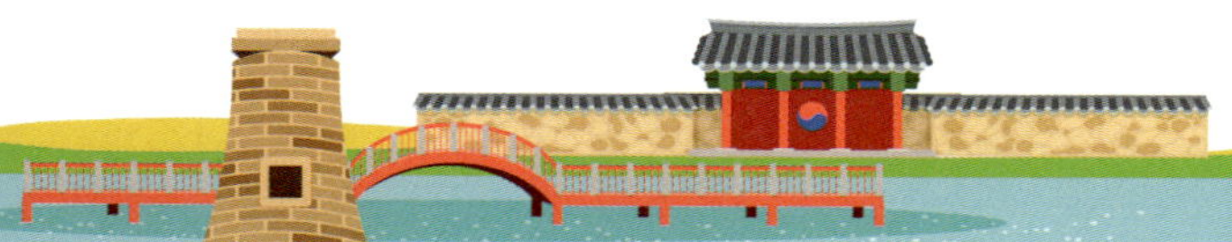
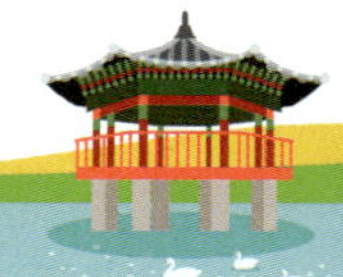

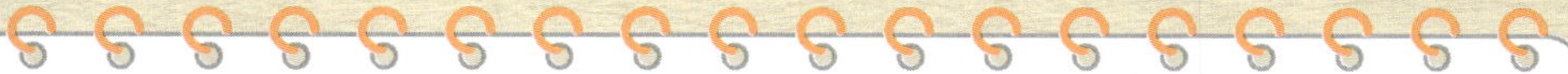

## 풀어 봅시다

**1. 다음 중 한옥의 특징이 아닌 것을 고르시오.**

① 처마가 한여름의 햇빛을 막아 준다.

② 마당의 흰 모래가 한옥 내부를 밝게 해 준다.

③ 유리로 된 창문으로 방 안의 온도를 높여 준다.

④ 뒷마당과 앞마당의 온도 차이로 인해 바람이 생긴다.

**2. 다음 글에서 설명하고 있는 것을 쓰시오.**

> 이것은 방바닥을 따뜻하게 하는 한국의 전통적인 난방 방법이다. 한옥의 아궁이에서 불을 피우고, 그 뜨거운 연기가 방바닥에 깔린 통로를 지나면서 방을 따뜻하게 만든다.

**3. 여러분 나라의 주거 형태와 한옥은 어떤 점이 비슷합니까? 또 어떤 점이 다릅니까? 서로 이야기해 봅시다.**

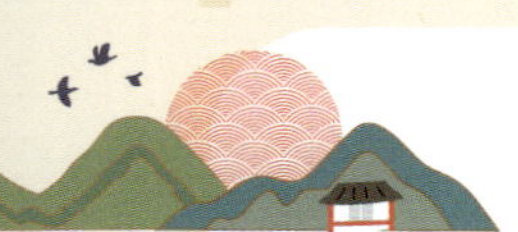

# 제6강

# 한국의 예절

**6-1** 한국인의 생활 예절

## 🔆 학습 목표

1. 한국의 생활 예절에 대해 알 수 있다.

2. 예절을 통해 한국 문화를 이해할 수 있다.

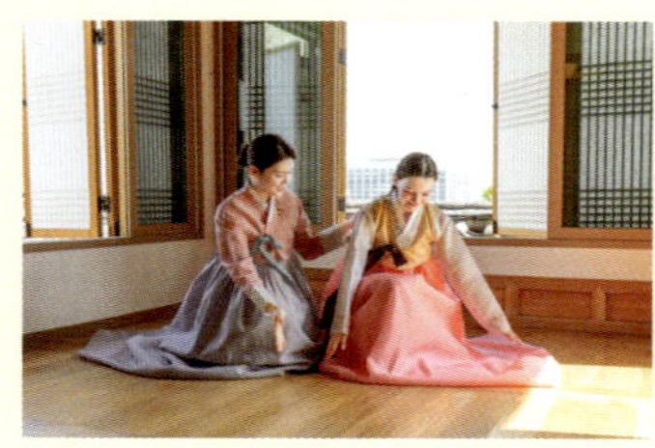 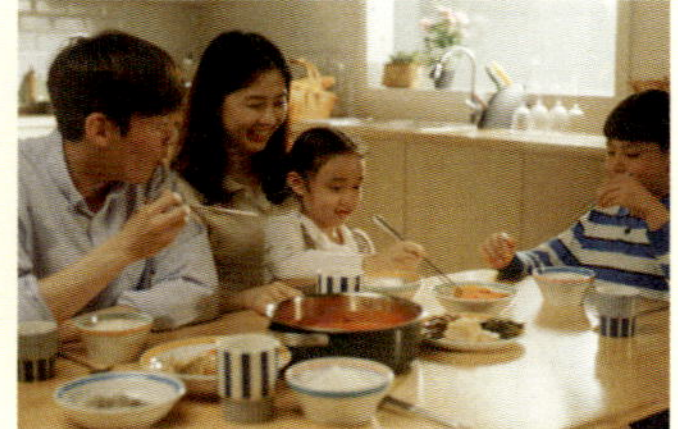

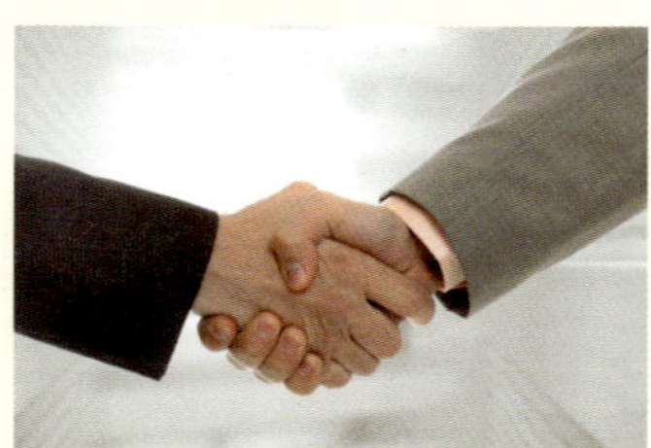 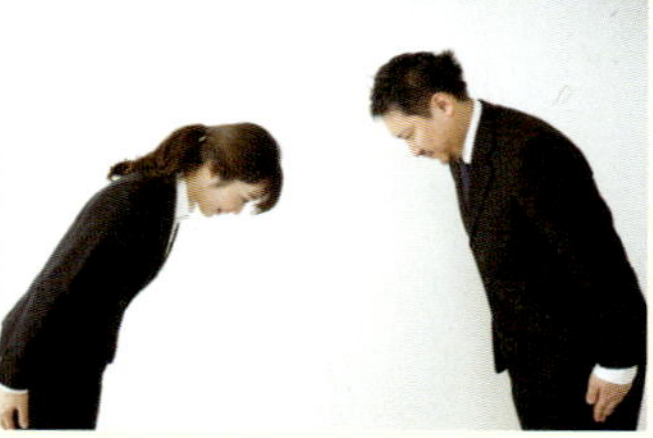

## 🎯 주요 단어

| | | | |
|---|---|---|---|
| ☑ 인사 | ☑ 악수 | ☑ 평경례 | ☑ 반경례 |
| ☑ 목례 | ☑ 예절 | ☑ 음주 | ☑ 술안주 |
| ☑ 대인 관계 | ☑ 수저 | | |

　한류 열풍으로 외국인 유학생이 증가함에 따라 캠퍼스 내에서 외국인을 마주치는 건 흔한 일이 됐다. 법무부에 따르면 2025년 기준 한국내 외국인 유학생 수는 26만여 명에 달한다. 한국어와 한국문화가 좋아서, 한국의 사회가 좋아서 한국을 찾아온 유학생들이다.

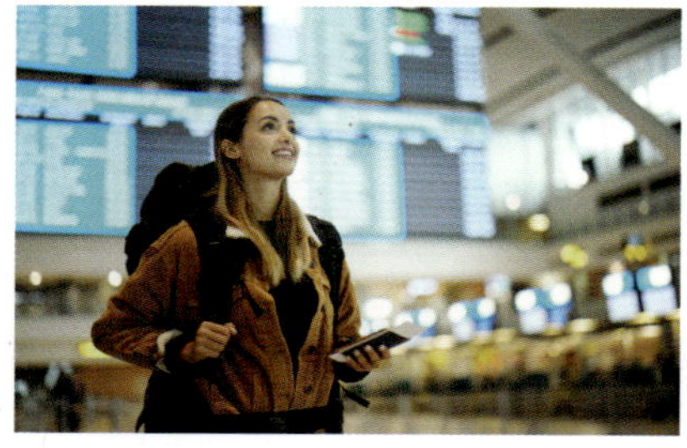

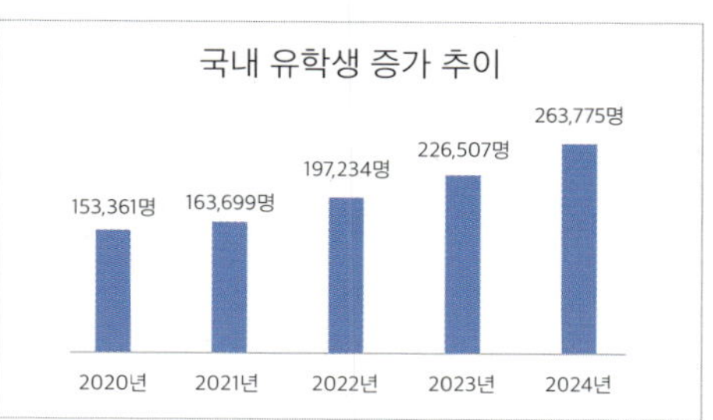


출처: 법무부

　하지만 한류의 커다란 물줄기를 따라 한국으로 건너온 이들은 한국 사회에 대한 부적응으로 사회생활 곳곳에서 좌절을 겪고 있다. 언어 소통 불편으로 인한 대인 관계의 한계, 한국 사회의 선후배 관계 등 한국만의 독특한 인간관계, 낯선 음식과 접대 문화 등으로 어려움을 겪고 있는 것이다.

　어떻게 하면 한국 사회와 문화에 잘 적응할 수 있을까. 결국은 한국인의 의식과 기질, 그리고 다양하고 독특한 한국 사회와 문화를 이해해야 한다. 동아시아 문화 대부분이 그렇듯이 한국 역시 유교 문화를 빼놓을 수 없으며, 따라서 한국에서의 기본적인 사회생활 해법 역시 예절을 지키는 것에서 출발한다.

# 1. 인사 예절

인사(人事) 중 '인(人)'은 '사람', '사(事)'는 '일'이라는 뜻으로 즉, '사람이 하는 일'이라는 뜻이다. 또한 '사'는 '섬긴다'는 뜻도 가지고 있다. 따라서 인사란 사람이 하는 일로서, 인사를 할 때는 사람을 섬기는 마음으로 해야 한다.

인사는 크게 신체 접촉이 없는 수직 인사법과 신체를 접촉하는 수평 인사법으로 구분할 수 있다. 한국을 비롯한 아시아 여러 문화권에서 행해지는 '허리 굽혀 인사하기'와 손을 모으는 '합장'은 신체 접촉이 없는 수직적 인사법이다. 반면, 서양에서 비롯된 악수나 포옹, 뺨에 입맞춤하는 '비주'는 신체를 접촉하는 수평 인사법이다.

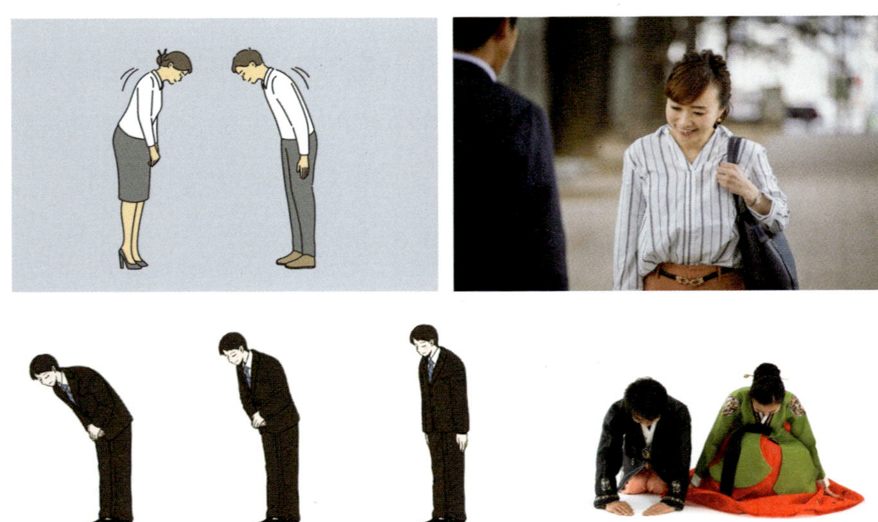

수직적 인사법 가운데 한국의 허리 굽혀 인사하기는 인사를 하는 상대에 대한 존경심을 나타낸다. 따라서 인사를 하는 태도는 인사하는 사람의

마음을 담아 공손하고 예의 바르게 한다. 길을 가다가 어른을 만나면 먼저 걸음을 멈추고 인사 자세를 갖춘 뒤 어른과 눈이 마주쳤을 때 허리와 머리를 함께 숙여 공손한 마음으로 인사한다. 인사말을 하며 머리를 긁거나 다리를 꼬는 등의 행동을 하지 않으며, 분명하고 적당한 크기의 또렷한 목소리로 인사말을 한다. 당연히 밝은 표정으로 상대를 바라보며 인사하는 것이 한국식 허리 굽혀 인사하기의 올바른 자세이다.

이러한 허리 굽혀 인사하기의 종류에는 ▲감사 또는 사과(사죄)를 표하거나, 부모님에게 또는 스승을 만났을 때 등에 하는 큰 경례(정중 인사) ▲손님을 맞이할 때나 사회 활동에서 보편적으로 처음 인사를 나눌 때에 해당하는 평경례(보통 인사) ▲직장의 복도를 지나면서 상사나 동료를 만났을 때, 복도, 계단, 엘리베이터 등 좁은 공간에서, 또는 양해를 구할 때와 질문이나 부탁을 할 경우에 하는 반경례(약식 인사), 그리고 마지막으로 길 또는 실내나 복도에서 사람을 자주 대할 때, 바쁜 일을 하는 중에 손님을 맞이할 때 하는 목례(눈인사)가 있다.

## 2. 식사 예절

한국에서 어른을 모시고 식사할 때는 어른이 먼지 수저를 든 다음에 아랫사람이 수저를 들도록 한다. 식사를 마칠 때도 윗사람과 보조를 맞추는 것이 예의이다.

식사를 할 때 자신이 좋아하는 맛있는 반찬만 골라 먹거나, 뒤적거리며 집었다 놓았다 하는 것은 남에게 불쾌감을 줄 수 있다. 또 가시나 찌꺼기는 한 곳에 가지런히 모으거나 여분의 접시를 이용하여 여러 사람이 함께 쓰는 식탁이 지저분해지지 않도록 해야 한다.

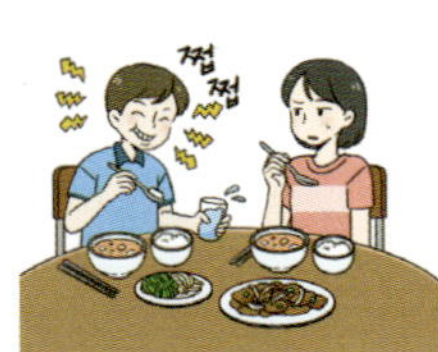

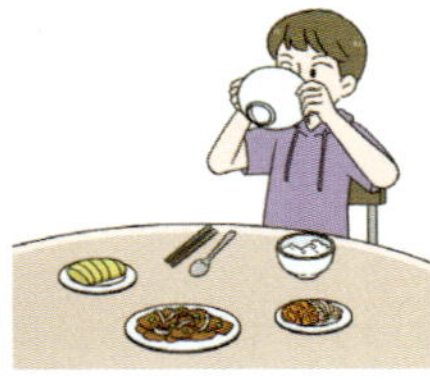
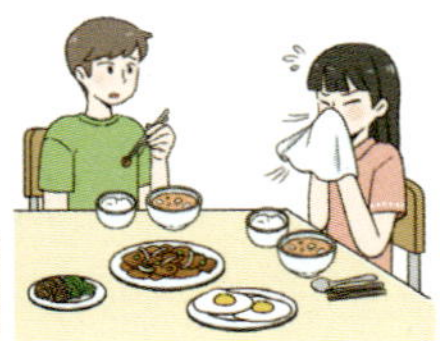
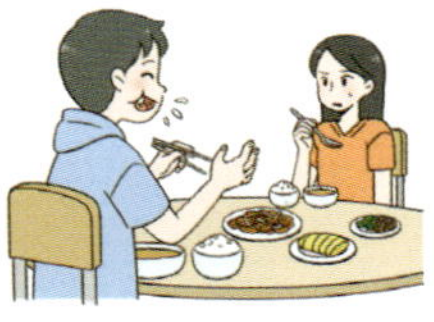

음식을 먹을 때는 말을 하지 않는 것이 예의이나 요즘은 생활 풍습의 변화로 식사 중에 대화를 나누게 되는데 이때 입에 음식을 넣은 채 이야기하지 않는다. 윗사람이 무엇을 묻거나 말을 건넬 때에는 먹던 것을 삼키고 나서 수저를 놓고 말하는 것이 예의이다.

식사를 마쳤으나 윗사람이 아직 식사 중일 때는 먼저 먹었다고 자리에서 일어나서는 안 된다. 수저를 상 위에 내려놓지 말고 국그릇에 걸쳐 놓았다가 윗사람이 음식을 다 먹고 난 후 얌전히 수저를 내려놓는다.

식사를 다 마쳤을 때는 "잘 먹었습니다" 하고 인사말을 하는 것이 좋다. 한국 생활에서의 인사말 습관은 그 사람의 됨됨이를 평가하는 중요한 잣대가 되기도 한다.

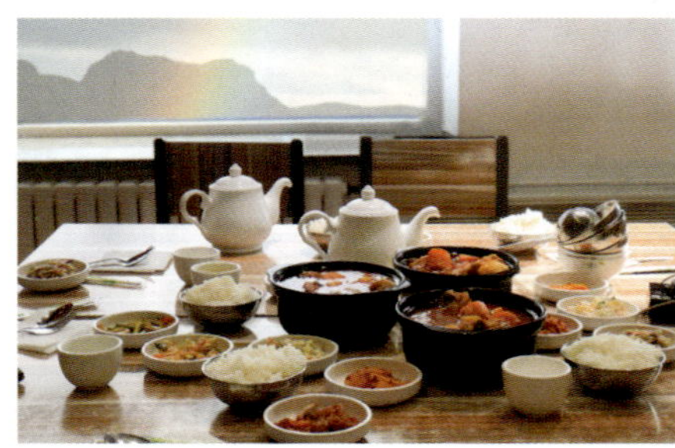
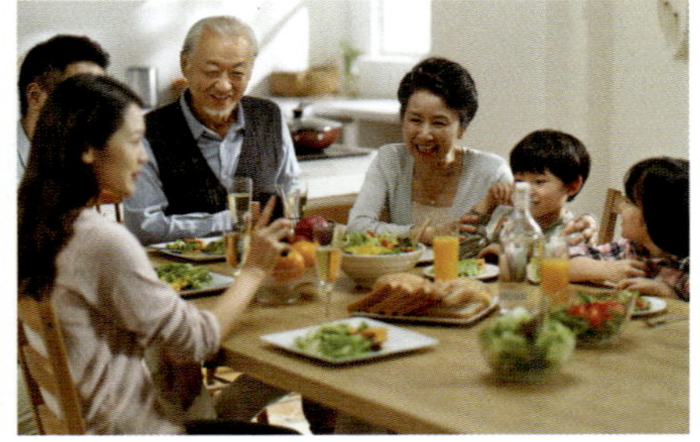

## 3. 음주 예절

　한국에서 사회생활을 하다 보면 술을 접할 기회가 많다. 그러나 음주 예절을 제대로 지키는 사람은 많지 않다. 이 때문에 외국인은 물론 한국인들도 종종 술자리 예절을 몰라 대인 관계 형성에 어려움을 겪는다.

　한국의 음주 예절은 아랫사람이 어른이나 윗사람에게 먼저 잔을 올리는 것이 예의다. 잔을 올릴 때 왼 손바닥으로 오른손 손목을 가볍게 받쳐 든 다음 오른손으로 술잔을 공손하게 올려야 한다.

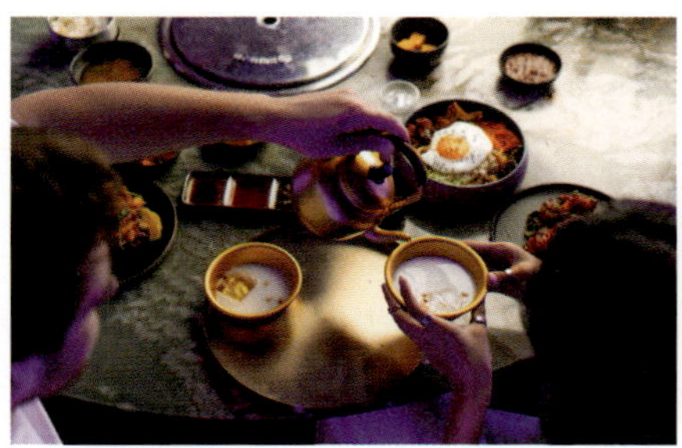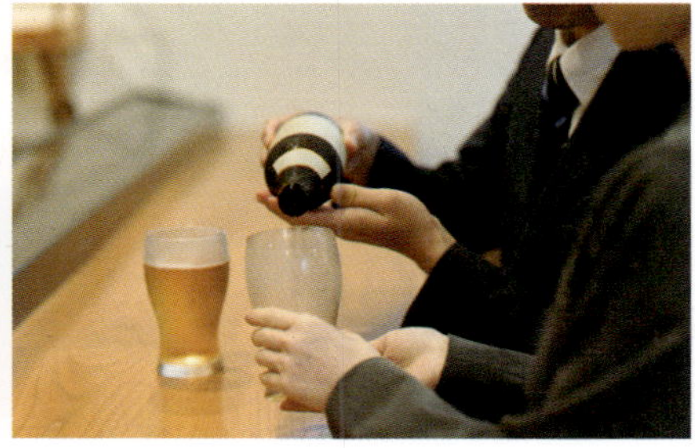

　웃어른들에게 술을 따를 때에는 어른들이 술잔을 비운 뒤 술안주를 드시도록 시간적 여유를 두고 따라 드리는 것이 좋다. 쓴 술을 입에 머금은 채 술잔을 받도록 하는 것은 예의가 아니기 때문이다.

　또 술자리에서 술을 잘 마시지 못한다는 이유로 술잔을 받지 않는 것은 예의에서 벗어난다. 감사하다는 인사를 올리고 잔을 받은 뒤 술잔을 입술에 대는 정도로 예를 표하는 것이 한국식 예법이다.

　술잔을 받을 때는 반드시 오른손으로 받아야 한다. 어른들과 함께 마시는 경우 어른들 앞에서는 얼굴을 약간 돌리며 술을 마시는 것도 술자리에서 지켜야 할 예절이다.

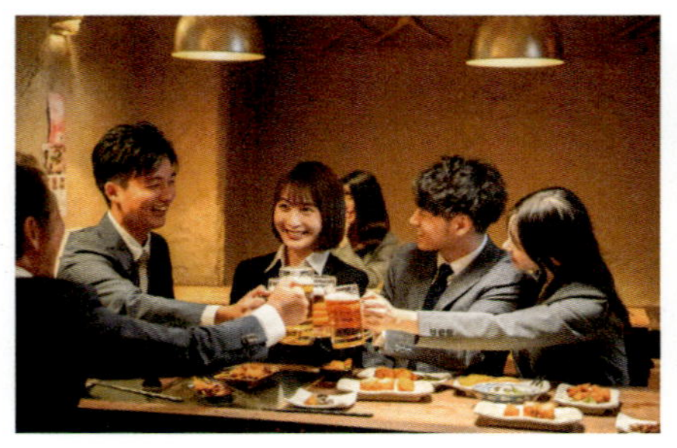 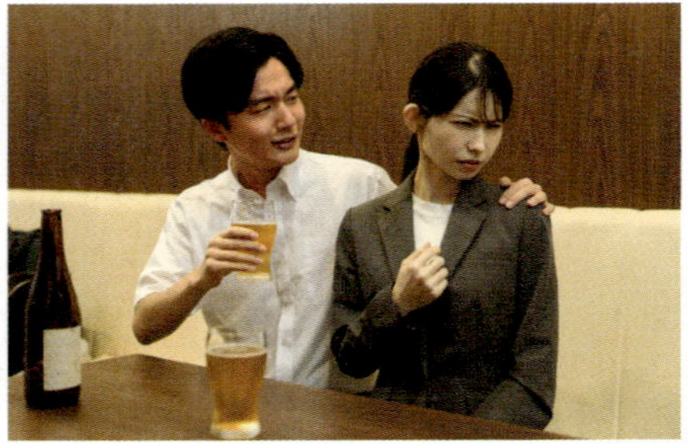

음주 예절에서 무엇보다도 중요한 것은 술을 한꺼번에 많이 마시는 것을 피하는 일이다. 술로 자제력을 상실할 경우, 대인 관계에 피해를 주고 사회생활에 치명적인 결과를 낳기도 한다. 또한 전날 술자리에서 실수를 하였을 경우 다음날 아침 바로 정중하게 사과하는 매너를 잊지 말아야 한다.

## 4. 직장 예절

직장인의 출근 시간은 최소한 근무 시작 10분 전까지는 도착하도록 한다. 언제나 아슬아슬하게 출근하거나 지각을 자주 하는 사람은 상사나 동료들로부터 신임을 얻기 힘들다. 늦어도 근무 시작 10분 전까지 출근하는 습관을 가지도록 한다.

근무 시간에는 원칙적으로 자리를 비우지 않는 것이 바람직하다. 잠시 자리를 비우는 경우에도 동료 직원에게 행선지, 목적, 돌아올 시간 등을 미리 알려 주는 것이 좋다.

하루 일과를 마치고 퇴근을 할 때는 퇴근 시간이 되기도 전에 미리 서두르지 않도록 한다. 책상 위에는 아무것도 없도록 깨끗하게 치우고 부득이하게 먼저 퇴근을 할 때는 상사나 동료에게 퇴근 인사를 하고 사무실을 나온다.

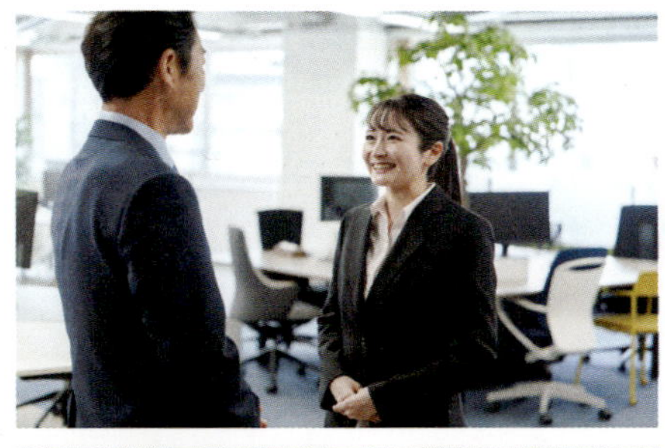
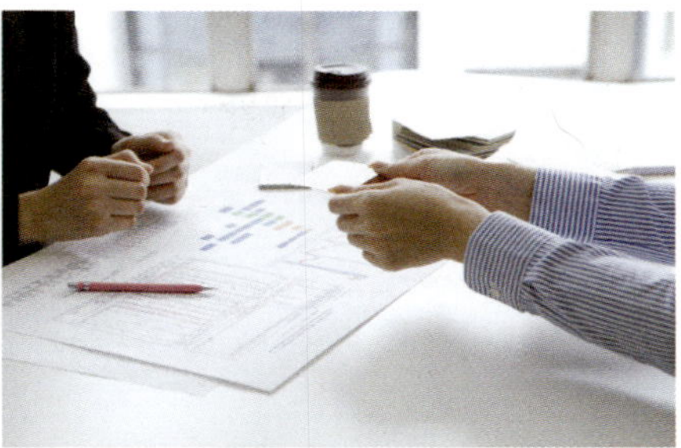
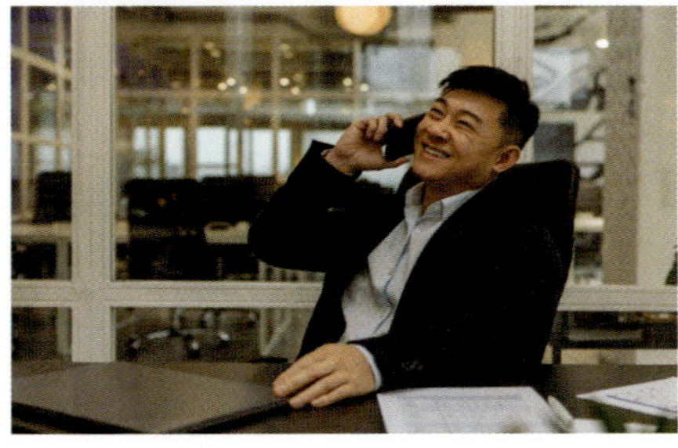
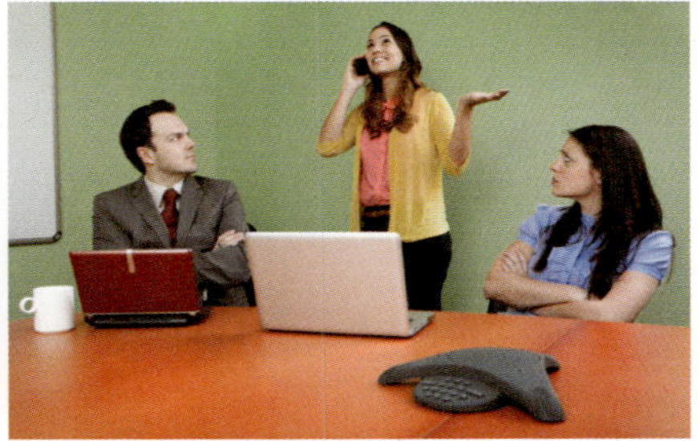

그리고 직장 생활에서 상대방에게 물건을 건네줄 때 나이가 많은 사람이나 직위가 높은 사람들에게 한 손으로 물건을 주거나, 한 손으로 받는 것은 무례한 행동이다. 한국인들은 보통 두 손으로 물건을 주고받는다. 이것은 상대를 존중한다는 뜻을 나타내기 위한 것이다.

또 한국인들은 아주 가까운 사이가 아닌 경우 이름을 부르는 것은 무례한 행동이며, 나이가 많은 사람의 이름을 함부로 부르지 않는다. 상대의 성에 직함을 붙여 주는 것이 예의다.

# 제6강

# 한국의 예절

**6-2** 선물 문화와 기피 문화

### 💡 학습 목표

1. 한국인들의 선물 문화에 대해 알고, 이를 다른 사람에게 설명할 수 있다.

2. 한국인들의 금기와 기피 문화를 이해할 수 있다.

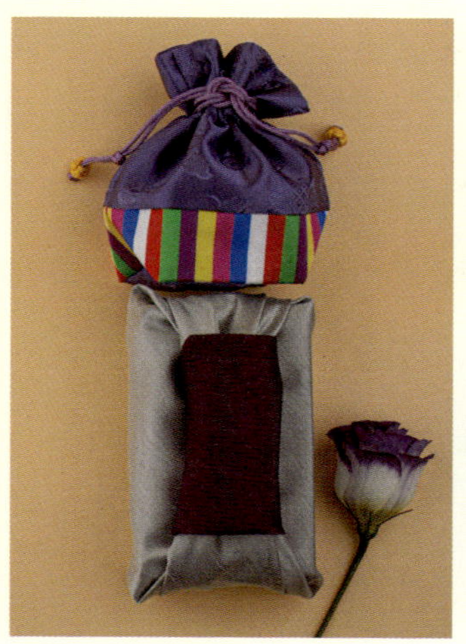

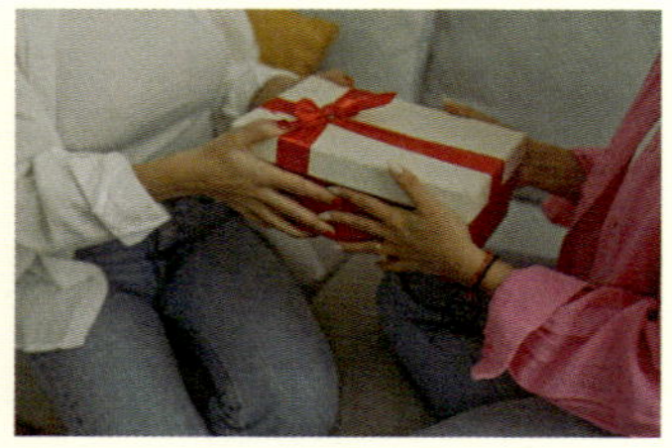

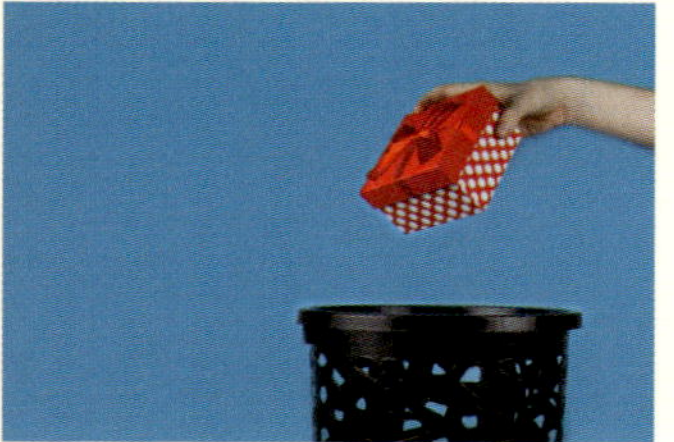

### 🎯 주요 단어

- ☑ 김영란법
- ☑ 청탁
- ☑ 뇌물
- ☑ 건강식품
- ☑ 기호품
- ☑ 금기
- ☑ 혐오 식품
- ☑ 과다 노출
- ☑ 숫자

## 1. 한국의 선물 예절

사회생활에서 빼놓을 수 없는 하나가 선물이다. 선물은 개인과 개인, 개인과 단체, 단체와 단체 간을 이어 주는 매개체로 서로의 관계를 유지하는 데 매우 중요한 역할을 한다. 하지만 잘못하면 오히려 안 하는 것보다 못하다. 나라와 문화의 차이에서 오는 오해 때문이다. 한국에서는 '김영란법'이라고 하는 〈부정 청탁 및 금품 등 수수의 금지에 관한 법률〉로 인해 선물 가격은 5만원(농축수산물은 15만원, 설·추석 농축수산물 선물은 30만원까지 가능)으로 제한하고 이를 넘으면 뇌물로 간주해 과태료 처분을 받는다. 이 때문에 선물이 뇌물이 되지 않도록 받아서 기분 좋고, 주어서 기분 좋은 선물 문화를 알아야 한다.

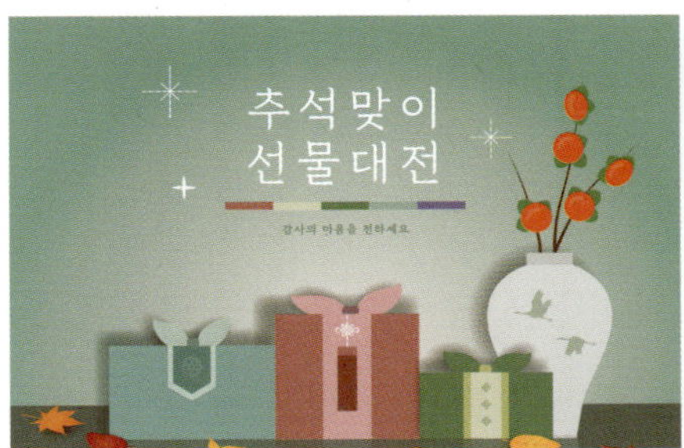


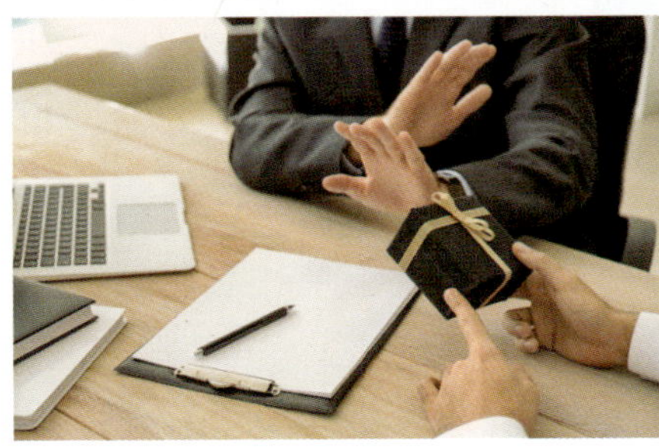

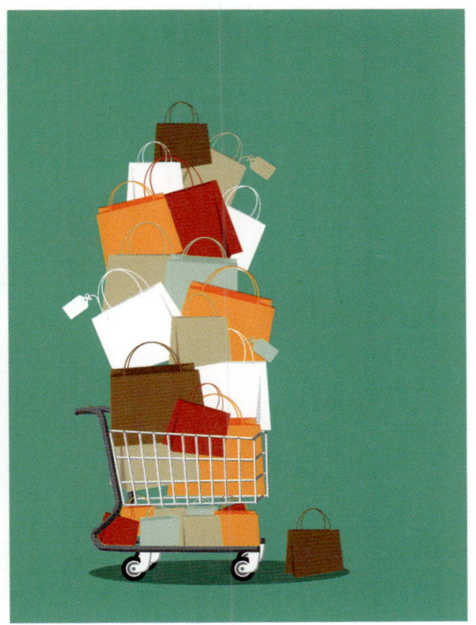

외국인으로서 한국 사회에 적응하면서 적합한 선물 품목은 자기 나라의 문화를 상징하는 전통 공예품, 술이나 고급 커피, 차, 초콜릿 등 기호

품, 건강식품, 과일 바구니 등이 좋으며, 개인이 직접 만든 소장품은 정성이 더해져 받는 사람으로 하여금 더 기분을 좋게 할 수 있다.

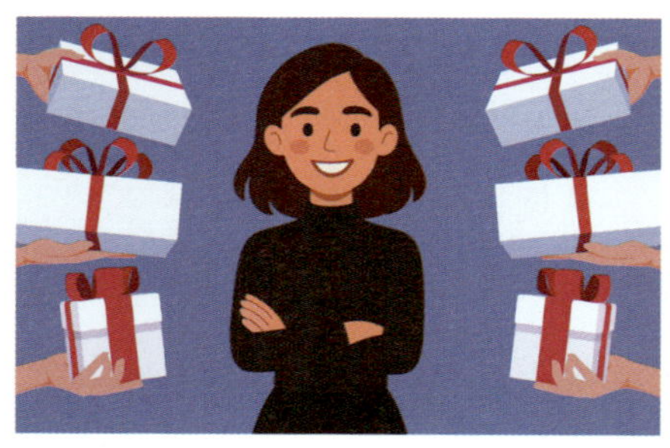 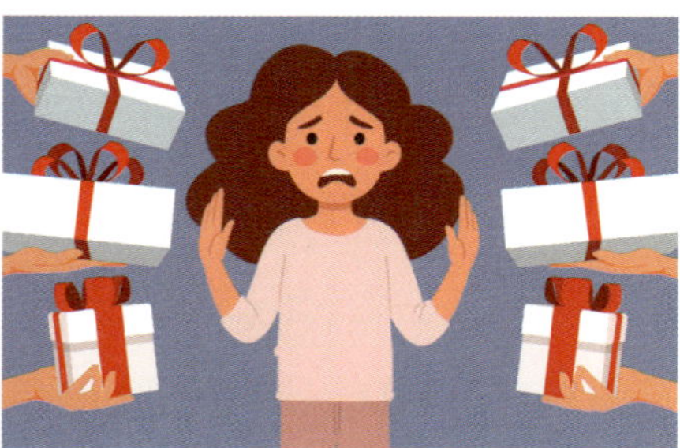

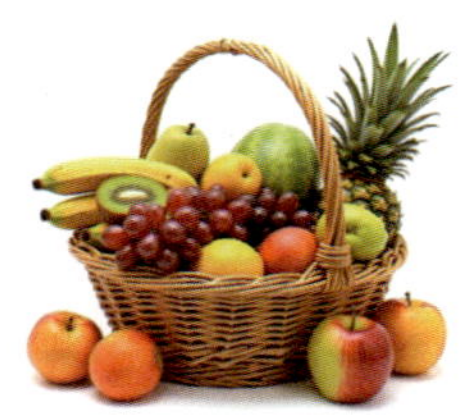 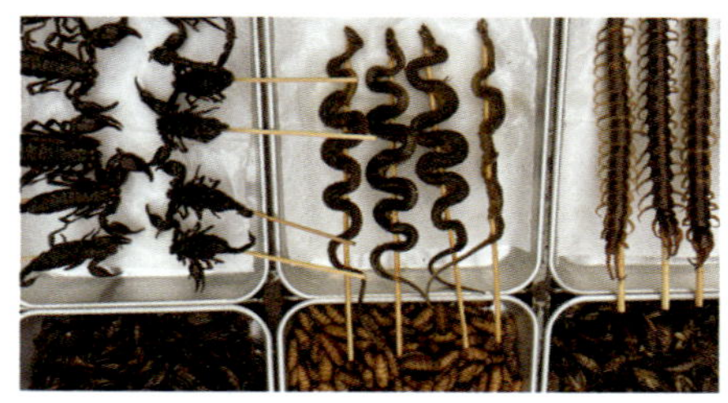

　　하지만 금지해야 할 선물도 있다. 옷과 같은 개인적인 선물, 지나치게 높은 가격의 선물이나 불우한 역사적 과거를 상징하는 물품은 피해야 한다. 특히 뱀, 전갈, 지네 등 일명 '보양식'이라고 불리는 '혐오 식품' 선물은 피해야 한다. 또 자기 나라의 문화를 상징한다 하더라도 전통 옷이나 국내 정서에 맞지 않는 과다 노출 등 일상생활에서 입을 수 없는 옷들도 한국인의 선물로 환영받지 못하고 있다.

## 2. 한국의 금기 문화

　　금기라는 것은 '마음에 꺼려서 하지 않거나 피하는 것'을 뜻한다. 쉽게 말해서 '하지 말아야 할 것들'이다. 금기는 사회의 발전이나 시대상의 변천에 따라 달라질 수 있는데 한국에서의 금기 사항은 주로 역사적 사건이 배경이 되는 경우가 많다. 예를 들어 6.25 전쟁을 북한의 관점에서 말하는 것을 비롯한 친북 발언과 북한을 맹목적으로 찬양하는 행위 등도 한국인들이 피하는 대화 문화 중의 하나이다.

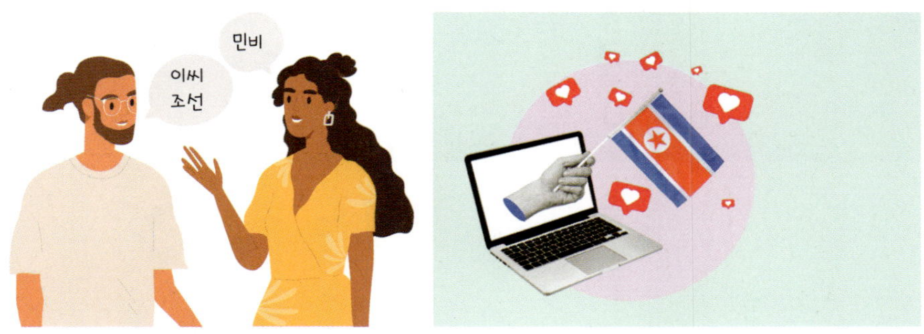


숫자에 대한 금기는 동아시아 문화권에서는 대개 비슷하다. 언어의 발음이 같거나 비슷하여 다른 단어의 이미지를 연상하게 되는 해음(諧音)현상 때문이다. 한국에서는 우선 '4' 자의 경우 '죽을 사(死)'와 발음이 같아 금기로 여긴다. 특히 한국의 경우 병원에선 아예 3층 다음이 5층인 곳이 수두룩하다.

'4' 자는 한국인들의 자동차 번호판이나 주민등록번호에서도 기피 대상 1순위다. 한국철도공사에서 운행하는 4400호대 디젤 기관차 중에서 4444호는 처음부터 제작되지 않았다. 4443호에서 4445호로 건너뛴 것이다. 2012년 세종특별자치시에서 태어난 여아 200여 명의 주민등록번호 뒷자리가 4444로 시작하면서 부모들의 민원 제기로 주민등록번호를 변경한 사례까지 있다. 인천국제공항의 탑승구에 4번이나 44번이 없다는 것은 한국인들이 '4' 자를 얼마나 싫어하는지 알 수 있는 대목이다.

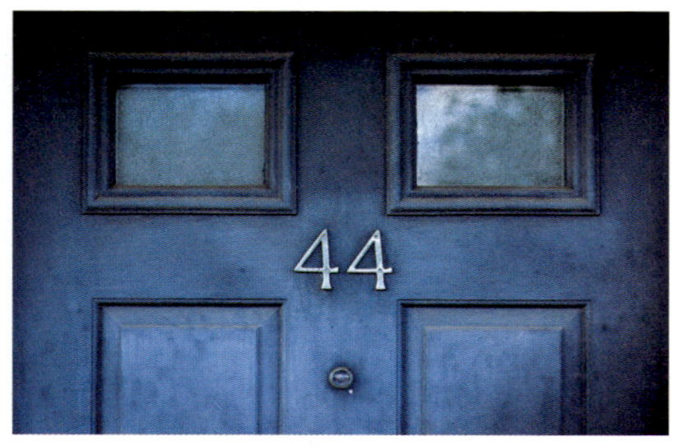
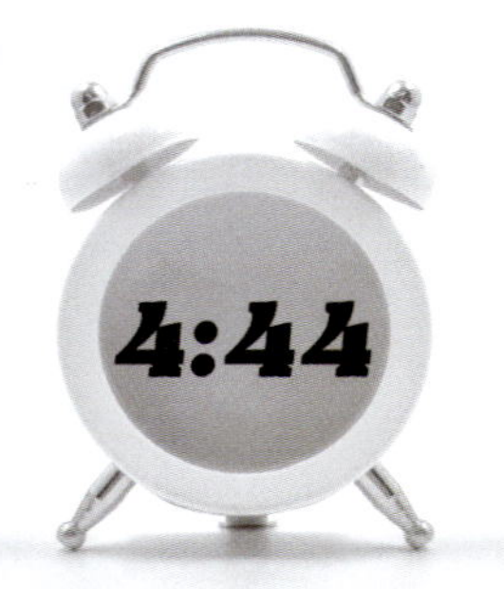
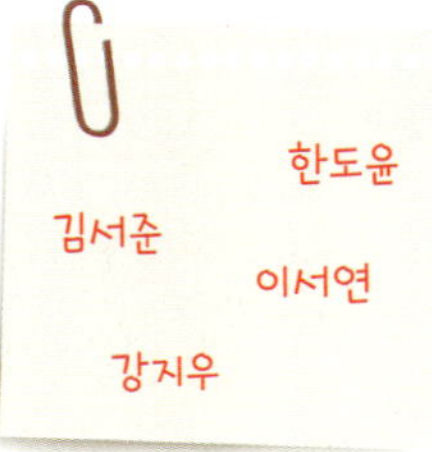

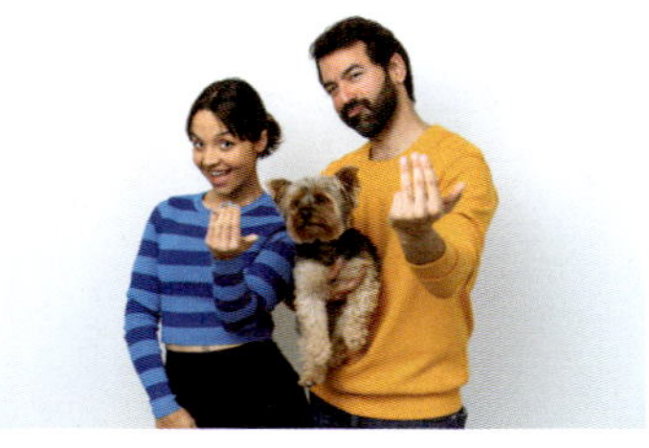

숫자 금기 외에도 일상생활에서는 '신발 신고 집 안에 들어가기'나 '버스나 지하철, 기차 안은 물론 대중들이 이용하는 공공장소에서 큰 소리로 말하기' 등도 금기 사항이다. 한국에서는 다른 사람들을 부를 때 손바닥을 아래로 향하고 공손하게 손가락을 아래로 구부려야 하며, 손바닥을 위로 하여 손가락을 위로 까딱까딱하면 이는 사람을 부르는 손짓이 아닌 '강아지를 부르는 손짓'으로 인식하게 된다. 이 밖에도 밤에 손톱이나 발톱을 깎는다거나, 빨간색 펜으로는 사람의 이름을 쓰는 것 역시 한국에서는 금기시하고 있다.

## 🔍 단어 해설

| | |
|---|---|
| **수저** | 숟가락과 젓가락을 아울러 이르는 말 |
| **폭음** | 술을 한꺼번에 많이 마심. |
| **직장 상사** | 같은 직장에 근무하는 윗사람, 혹은 계급이 높은 사람 |
| **보양식** | 건강을 보충하기 위하여 먹는 음식으로 삼계탕 등이 있다. |
| **혐오 식품** | 싫어하고 미워하는 식품, 즉 사람들이 좋아하지 않는 식품 |
| **큰경례** | 정중한 인사로 똑바로 선 자세에서 발뒤꿈치를 모으고 상대방의 가슴 부분에 시선을 집중한 뒤에 조용히 상체를 45도 정도 굽히는 인사법이다. |
| **평경례** | 상체를 30도 정도 구부려 하는 인사를 말한다. |
| **반경례** | 일어서서 상대방이 3m쯤 왔을 때 허리를 15도 정도로 굽혀서 하는 인사이다. |
| **목례** | 눈으로 예의를 표시하며 상체를 굽히지 않고 가볍게 머리만 숙이는 인사를 말한다. |
| **김영란법** | 정식 명칭은 '부정 청탁 및 금품 등 수수의 금지에 관한 법률', 2016년 9월 28일부터 시행되었으며 언론인과 사립 학교 교직원을 포함한 모든 공직자의 부정 청탁 및 금품 수수를 금지하는 것을 핵심으로 한다. |

1. 친구들과 함께 아래의 한국식 인사법인 허리 굽혀 인사하기를 배워 봅시다.

    (1) 큰경례

    (2) 평경례

    (3) 반경례

    (4) 목례

2. 아래 보기에서 한국인들이 좋아하는 선물과 싫어하는 선물을 모두 골라 보세요.

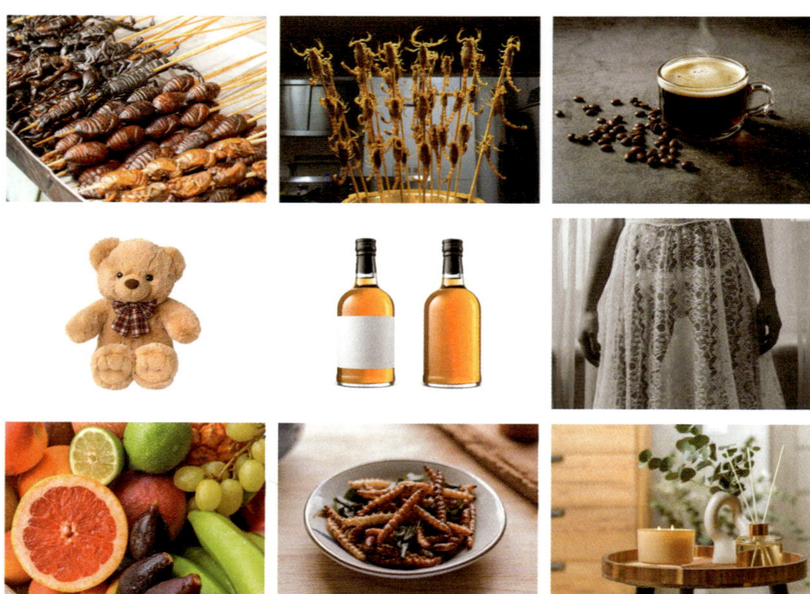

# MEMO

# 제7강

# 한국의 음악

**7-1** 한국의 전통 음악

## 학습 목표

1. 한국의 전통 음악에 대해 알 수 있다.

2. 음악에 담긴 한국인의 정서를 이해할 수 있다.

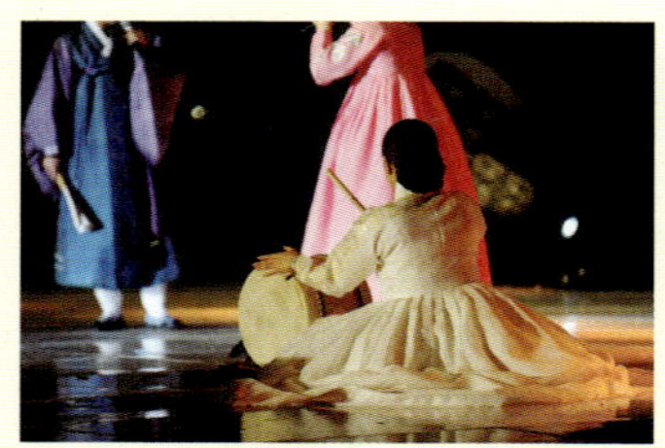
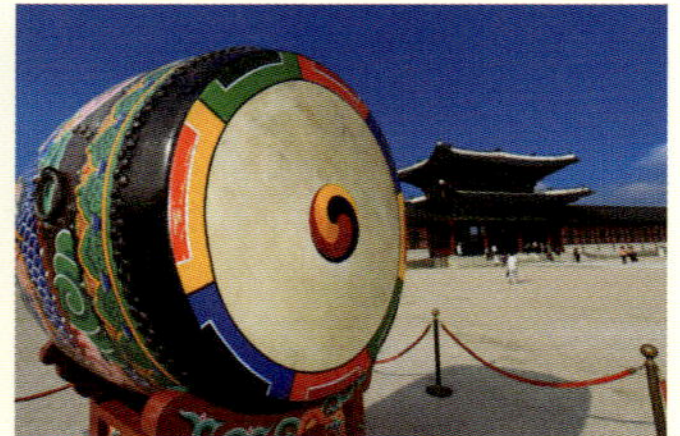
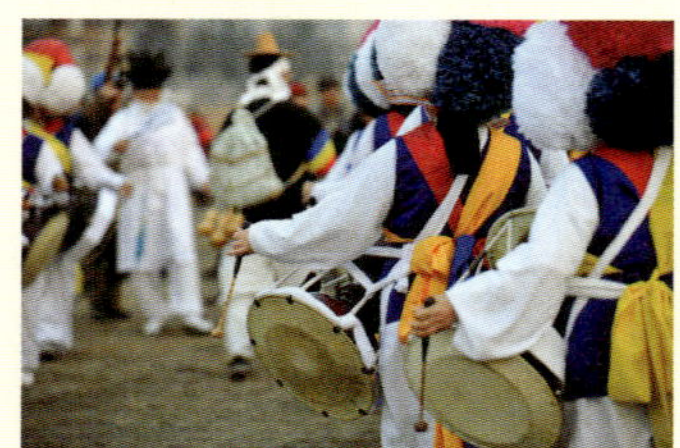
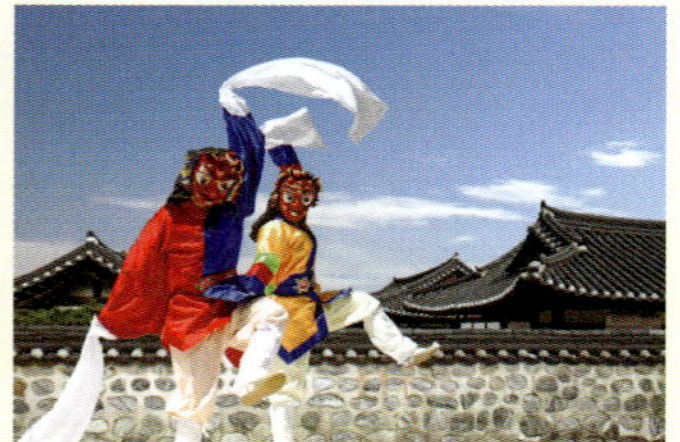

## 주요 단어

☑ 아리랑　　☑ 민요　　☑ 추임새　　☑ 고수

☑ 아니리　　☑ 판소리　　☑ 사물놀이　　☑ 풍물

☑ 국악

## 1. 아리랑, 민요

아리랑은 한국의 대표적인 민요이자, 한국 문화를 상징하는 노래이다. 지역마다 다양한 버전이 있으며, 정선 아리랑이 가장 오래된 것으로 알려져 있다. 그중에서도 가장 널리 알려진 버전은 경기 아리랑이다. 이 외에도 진도 아리랑, 밀양 아리랑 등 여러 지역에서 전해지는 아리랑이 있다.

아리랑은 한국 민족의 '한(恨)'이라는 감정을 담고 있어서 가사뿐만 아니라 리듬도 슬프게 느껴진다. 이러한 아리랑은 2012년에 유네스코 인류 무형 문화유산으로 등재되어 전 세계에 더욱 널리 알려지게 되었다.

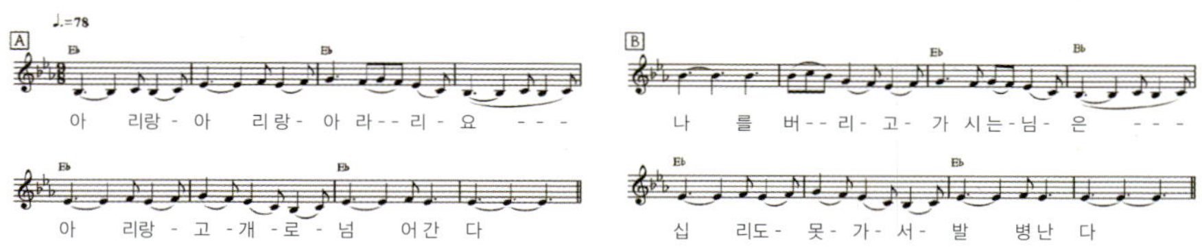


## 2. 판소리

판소리는 17세기부터 시작된 한국의 전통 음악이자 연극이다. 한 명의 소리꾼이 북을 치는 고수의 장단에 맞추어 노래(소리), 이야기(아니리), 몸짓(너름새)을 섞어 공연하는 것이 특징이다.

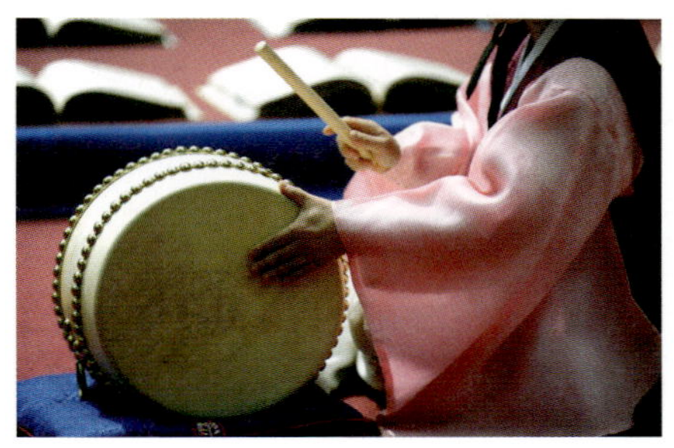

판소리는 소리꾼, 고수, 그리고 청중이라는 세 요소로 이루어진다. 격식을 갖춘 공연이 아닌 평민들에게 사랑받은 대중적인 예술이었기 때문에 관객이 공연 중간에 "얼쑤!", "좋다!", "잘한다!" 같은 말을 외치며 반응할 수 있다. 이런 관객의 반응을 추임새라고 하며, 이는 판소리가 단순히 듣기만 하는 공연이 아니라 관객이 함께 참여하는 예술이라는 것을 보여 준다.

판소리는 그 가치를 인정받아 2003년에 유네스코 인류 무형 문화유산으로 등재되었다.

## 3. 사물놀이

사물놀이는 네 가지 타악기인 꽹과리, 징, 장구, 북을 중심으로 연주하는 국악 공연이다. 사물놀이는 원래 농사일이나 힘든 노동 중에 연주되던 풍물놀이에서 발전한 것이다.

풍물놀이는 일의 능률을 높이고 피로를 풀어 주며, 사람들 사이의 협동심을 키우는 데 도움이 되는 음악이었다. 이러한 전통적인 풍물놀이를 1978년에 무대 공연 형식으로 바꾼 것이 바로 사물놀이이다.

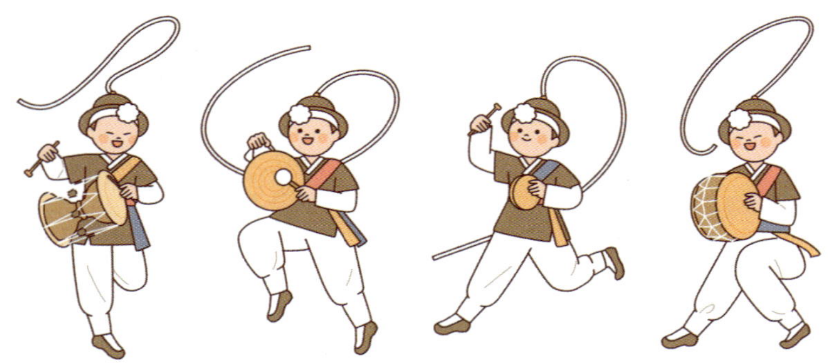

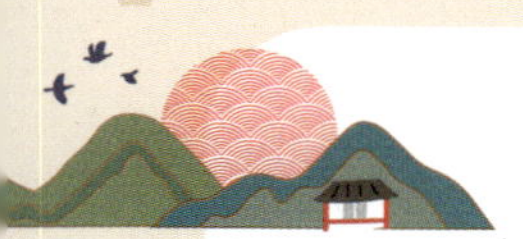

# 제7강

# 한국의 음악

**7-2** K-POP과 아이돌



1. 한국의 대중음악에 대해 알 수 있다.

2. K-POP의 변천 과정에 대해 알 수 있다.

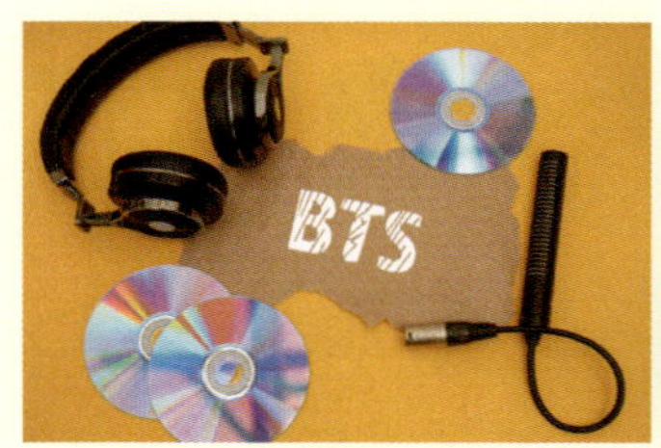
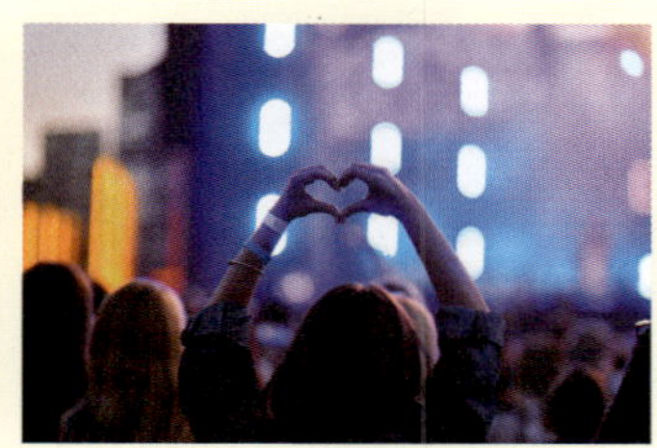
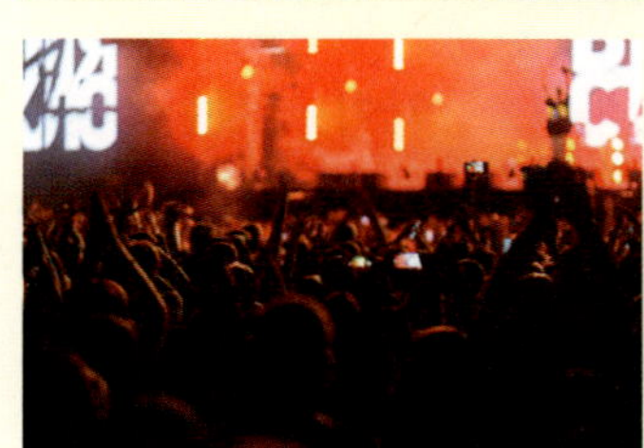
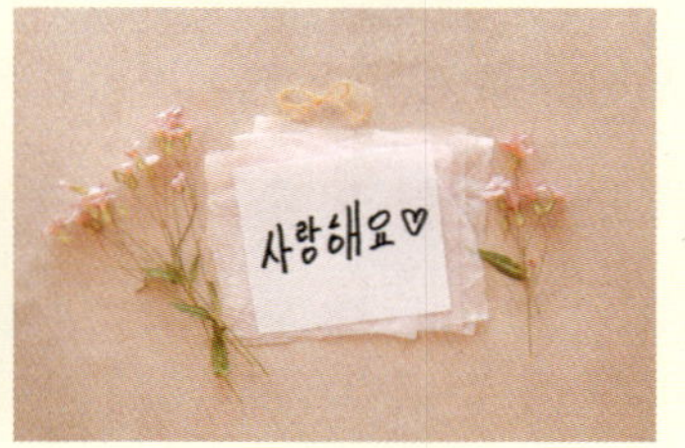




☑ 트로트　　☑ 발라드　　☑ 대중음악　　☑ 서태지와 아이들

☑ 음반　　　☑ 걸 그룹　　☑ 한류　　　☑ 아이돌

☑ 후크 송

## 1. 한국의 대중음악

### 1) 트로트

트로트는 1920년대 말, 일제 강점기 시기에 일본을 통해 한국에 들어온 음악 장르이다. 이 음악은 일본의 전통 대중가요인 '엔카(演歌)'와 서양 음악인 '폭스트롯(Foxtrot)'의 영향을 받아 만들어졌다. 이후 한국 특유의 정서와 창법이 더해지면서 한국만의 독자적인 장르로 발전하였다. 트로트는 특히 중장년층에게 많은 사랑을 받아 왔다.

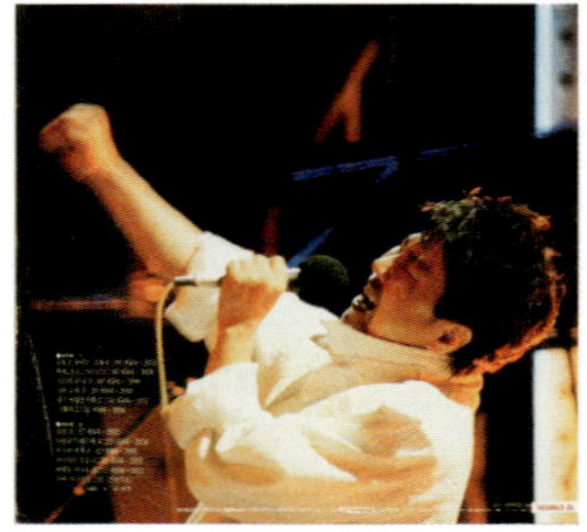
국립민속박물관

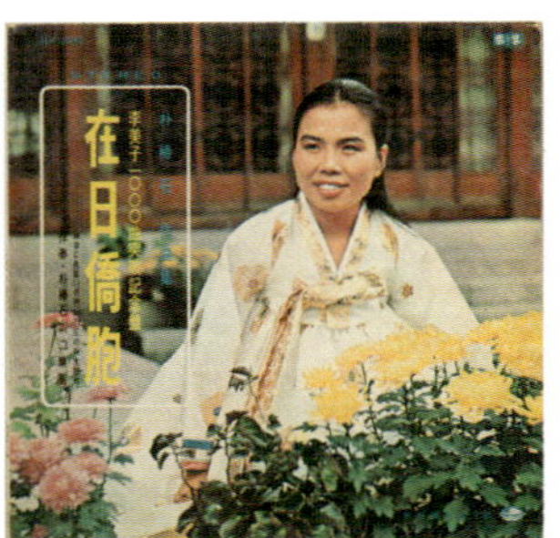
국립민속박물관

트로트는 4분의 4박자를 기본으로 하며, 강약이 뚜렷한 리듬과 '꺾기'라고 불리는 독특한 노래 부르기 방식이 특징이다. 이러한 음악적 특징은 1970년대에 지금과 같은 트로트의 형태로 완성되었다.

### 2) 서태지와 아이들

1992년, 그룹 '서태지와 아이들'이 등장한 이후, 한국 대중음악은 큰 변화를 겪었다. 그 전에는 발라드나 트로트가 대중음악의 중심이었지만 서태지와 아이들은 랩과 댄스 음악을 결합한 새로운 스타일의 음악을 선보이며 큰 인기를 끌었다.

이들의 등장은 기존 음악과는 전혀 다른 분위기를 만들어냈고 이후 한국에서는 아이돌 중심의 댄스 음악이 본격적으로 유행하게 되었다. 그래서 한국 가요계는 흔히 '서태지와 아이들 이전'과 '이후'로 나뉜다고 말할 만큼 이들의 영향력은 매우 컸다.

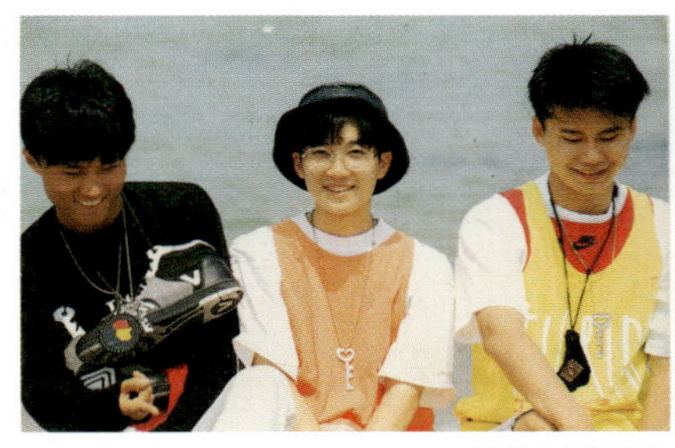

국립민속박물관

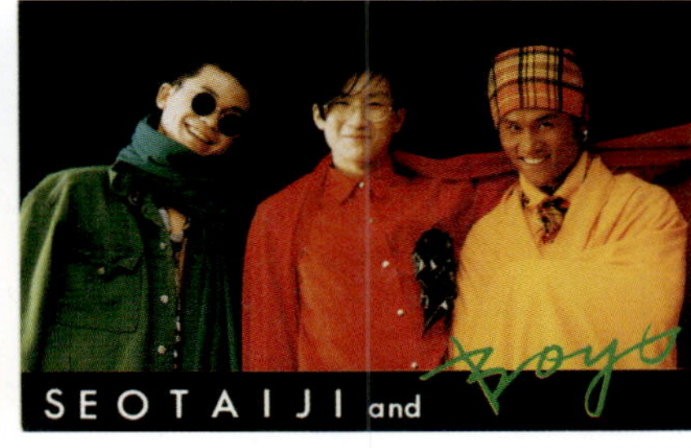


국립민속박물관

## 2. K-POP과 아이돌

### 1) 1세대 아이돌(1996~2002년경)

1996년, H.O.T.의 데뷔를 시작으로 한국의 아이돌 문화가 본격적으로 시작되었다. 대표적인 보이 그룹으로는 H.O.T., 젝스키스, 신화, g.o.d 등이 있으며, 이들은 1990년대 후반부터 2000년대 초반까지 큰 인기를 얻었다.

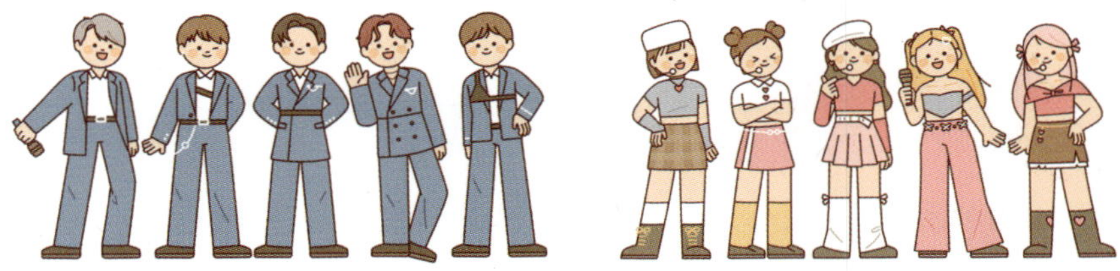

걸 그룹으로는 1997년에 데뷔한 S.E.S.와 1998년에 데뷔한 핑클이 대표적이다. 두 그룹 모두 청순한 이미지를 내세웠지만 S.E.S.는 신비로운

느낌, 핑클은 친근한 이미지를 강조한 점에서 차이가 있다.

또한, 솔로 가수 유승준은 뛰어난 춤 실력과 무대 퍼포먼스로 많은 인기를 얻었으나 군대에 입대하는 것을 피한 일로 사회적 비난을 받기도 했다.

### 2) 2세대 아이돌(2003~2011년경)

2000년대 초반, MP3와 인터넷의 보급으로 음악 다운로드가 늘면서 음반 시장이 침체되었다. 이 시기에는 SG워너비, 브라운 아이즈, 이승기 등 발라드와 R&B 가수들이 인기를 끌었다. 그러나 2007년, 원더걸스의 'Tell Me'가 큰 인기를 얻으며 아이돌의 인기가 다시 부활했다. 후크 송과 포인트 안무는 대중의 큰 관심을 받았고 이를 계기로 다시 아이돌 중심의 가요계가 형성되었다.

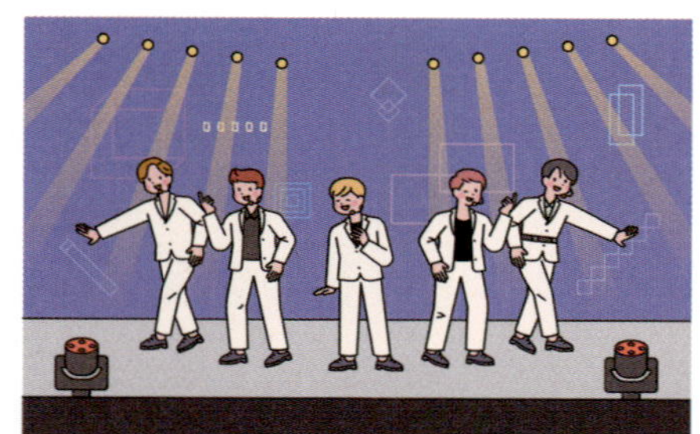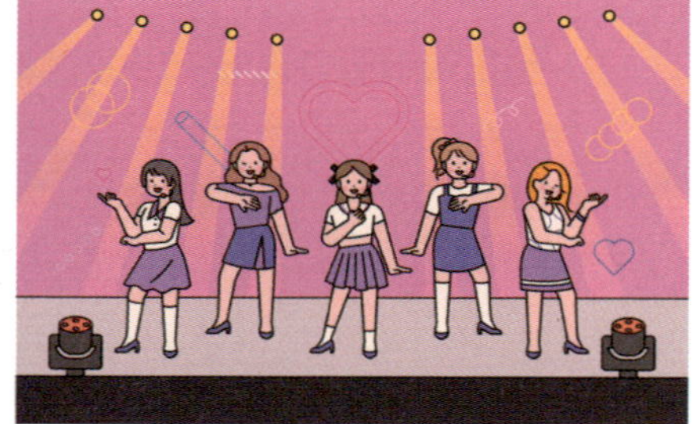

- 동방신기, SS501, 슈퍼주니어, 빅뱅, FT아일랜드, 2PM, 샤이니
- 원더걸스, 소녀시대, 카라, 브라운아이드걸스, 2NE1

이 시기에는 한류(Korean Wave)가 본격적으로 확산되어 일본, 중국, 동남아시아 등지에서 한국 아이돌이 큰 인기를 얻었다.

### 3) 3세대 아이돌(2012~2018년경)

3세대 아이돌은 처음부터 해외 활동을 염두에 두고 기획되었으며, 유튜브 등 글로벌 플랫폼을 적극적으로 활용했다.

- EXO, 방탄소년단(BTS), 세븐틴, GOT7, 몬스타엑스, iKON
- 레드벨벳, TWICE, 마마무, BLACKPINK, 여자친구(GFRIEND)

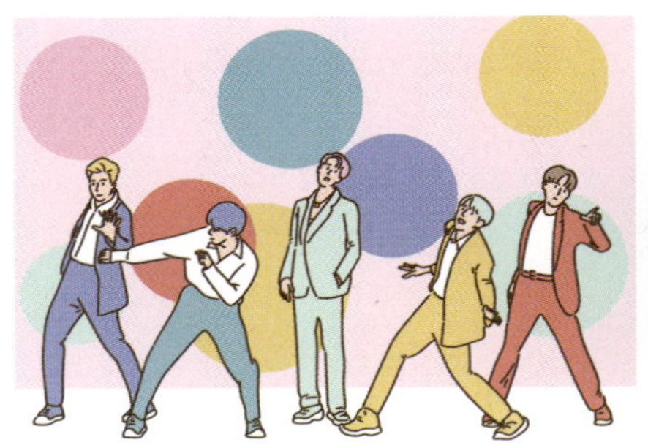

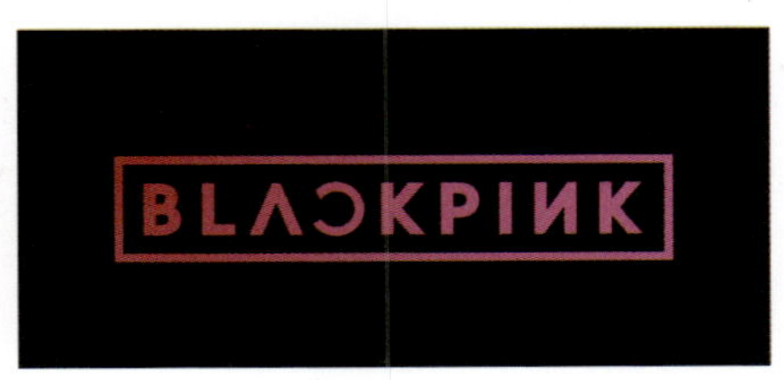


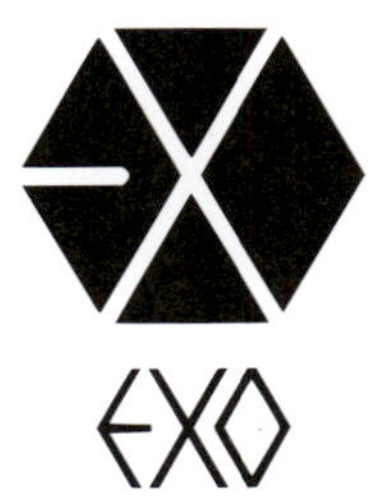


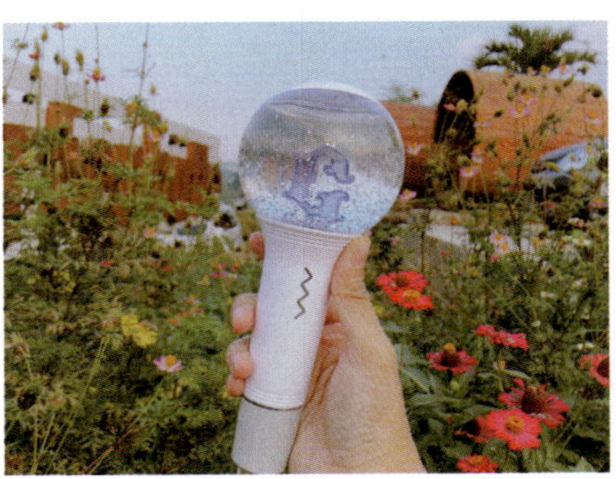

특히 방탄소년단(BTS)은 2017년 이후 미국 빌보드 차트에 여러 차례 이름을 올리며 세계적인 K-POP 스타로 성장했다. 이들은 세계적인 K-POP 열풍을 이끄는 중심에 있다.

## 4) 4세대 아이돌(2019~2022년경)

4세대 아이돌은 SNS 활용 능력, 퍼포먼스 중심, 팬과의 소통이 강조되는 특징을 가진다. 데뷔 초기부터 해외 팬층을 겨냥한 콘텐츠와 마케팅으로 빠르게 성장하였다.

- TXT, 스트레이키즈(Stray Kids), NCT, ENHYPEN, TREASURE
- ITZY, STAYC, aespa, IVE

## 5) 5세대 아이돌(2023년 이후)

가장 최근 등장한 5세대 아이돌은 AI, 버추얼 요소, 짧은 영상 콘텐츠(TikTok 등), 세계관 스토리텔링 등 새로운 방식으로 대중과 소통하고 있다.

- ZEROBASEONE(ZB1), BOYNEXTDOOR, RIIZE
- NewJeans, LE SSERAFIM, BABYMONSTER, ILLIT

이들은 데뷔와 동시에 세계적인 주목을 받으며 K-POP의 새로운 세대 교체를 이끌고 있다.

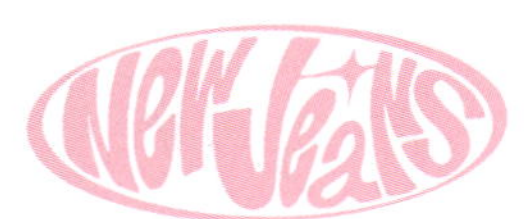

| | |
|---|---|
| **아리랑** | '아리랑'이라는 후렴구가 들어 있는 한국의 대표적인 민요 |
| **민요** | 오래전부터 사람들의 입에서 입으로 전해 내려와 누가 언제 처음 만들었는지 알 수 없으며, 사람들의 생각과 생활을 담고 있는 노래 |
| **추임새** | 판소리에서 고수가 흥을 돋우기 위하여 창(노래)의 사이사이에 넣는 소리 |
| **사물놀이** | 꽹과리, 장구, 징, 북의 네 가지의 전통 악기를 가지고 하는 연주 |
| **발라드** | 대중음악에서 주로 사랑을 주제로 한 감상적이고 느린 노래 |
| **한류** | 한국의 대중문화 요소가 외국에서 유행하는 현상 |
| **아이돌** | '우상적인 존재'라는 뜻이며, 여기에서 의미가 확장되어 매우 인기 있는 사람이라는 뜻도 있음. 보통 인기가 많은 젊은 가수나 그룹을 의미한다. |
| **후크 송** | 한 노래에 같은 가사를 여러 번 반복적으로 사용하여 만든 노래 |

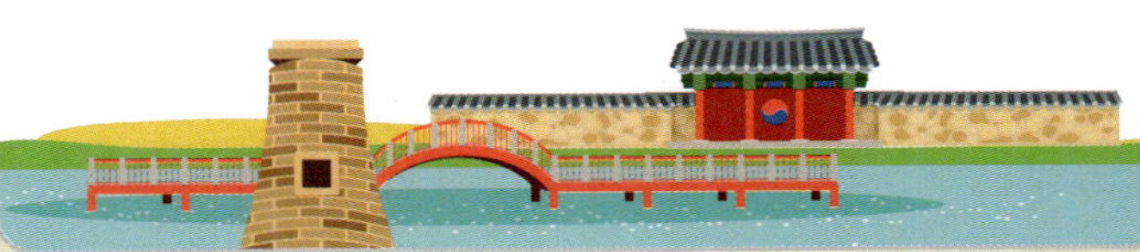
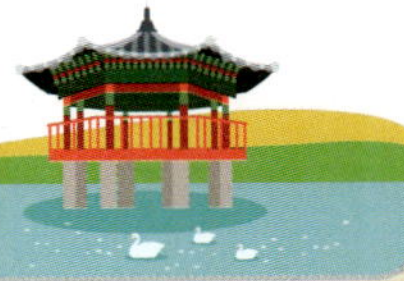

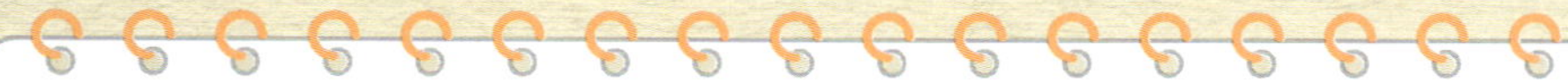

### 풀어 봅시다

**1. 판소리를 구성하는 3요소가 아닌 것을 고르시오.**

① 고수 　　　　　　 ② 청중

③ 추임새 　　　　　 ④ 소리꾼


**2. 다음에서 설명하고 있는 가수를 고르시오.**

> 　이 가수가 등장하기 전에는 발라드나 트로트 음악 등이 대한민국 대중음악의 중심이었으나, 이 가수가 등장한 이후로 랩 음악이 더해진 댄스 음악이 유행하게 되었다.

① H.O.T.

② 소방차

③ 방탄소년단

④ 서태지와 아이들


**3. 다음 글에서 설명하고 있는 것을 쓰시오.**

> 　이것은 1920년대 말, 일본의 전통 대중가요인 '엔카'와 서양 음악인 '폭스트롯'에서 유래한 음악 장르로 중장년층에게 인기가 많았다. 1970년대 4분의 4박자를 기본으로 강약의 박자를 넣고 독특한 꺾기 창법으로 부르는 가요 형식이다.

MEMO

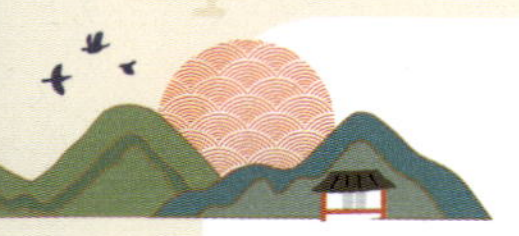

# 제8강

# 한국의 언어, 한글

**8-1** 한글의 특징



1. 한글이 만들어진 배경에 대해 알 수 있다.
2. 한글의 특징을 이해할 수 있다.

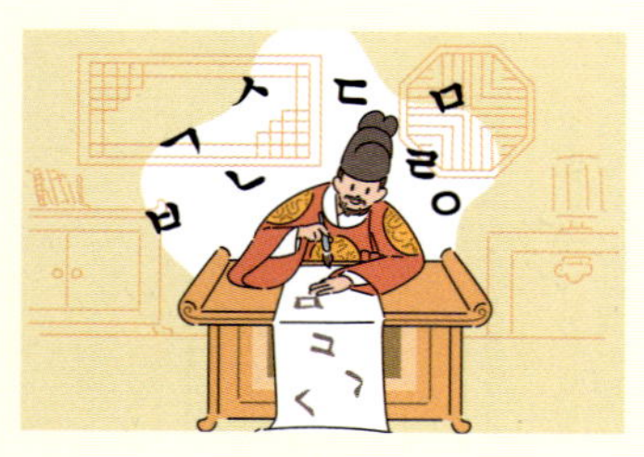

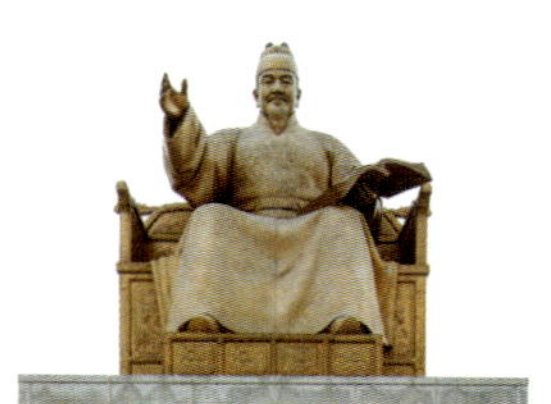

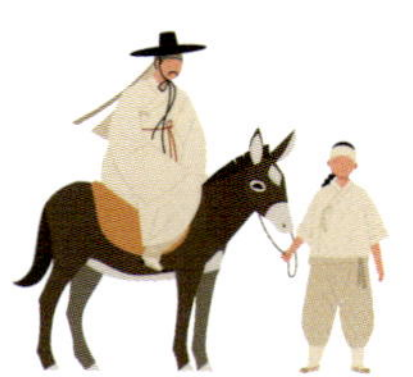

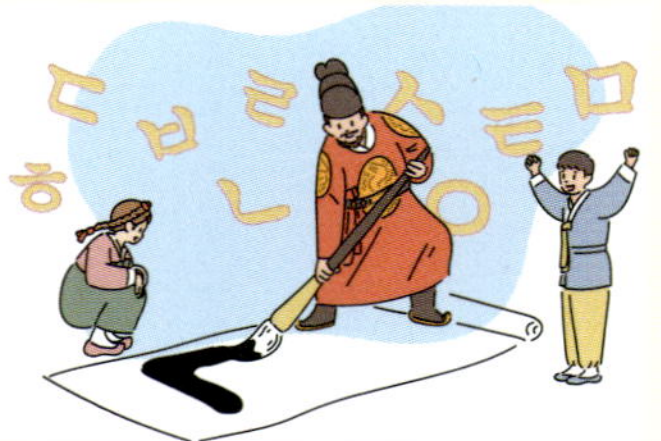



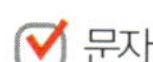

☑ 문자    ☑ 훈민정음    ☑ 사대부    ☑ 백성

☑ 창제    ☑ 자음    ☑ 모음    ☑ 획

세계의 여러 문자 중에서 한글, 즉 훈민정음은 흔히 '신비로운 문자'라고 불린다. 그 이유는 세계의 문자들 가운데 한글만이 창제한 사람과 반포된 날짜가 분명히 알려져 있으며, 글자가 만들어진 원리까지 기록되어 있는 유일한 문자이기 때문이다.

## 1. 한글의 창제

한글은 1443년(세종 25년), 조선의 임금인 세종 대왕이 만든 한국 고유의 문자이다. 처음 만들어졌을 때의 이름은 '훈민정음(訓民正音)'이었으며, 이는 '백성을 가르치는 바른 소리'라는 뜻이다. 지금 사용하는 '한글'이라는 이름은 1910년 전후부터 사용되기 시작한 말이다.

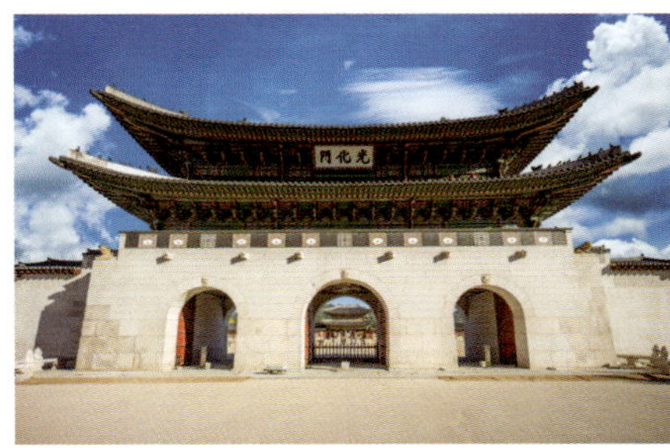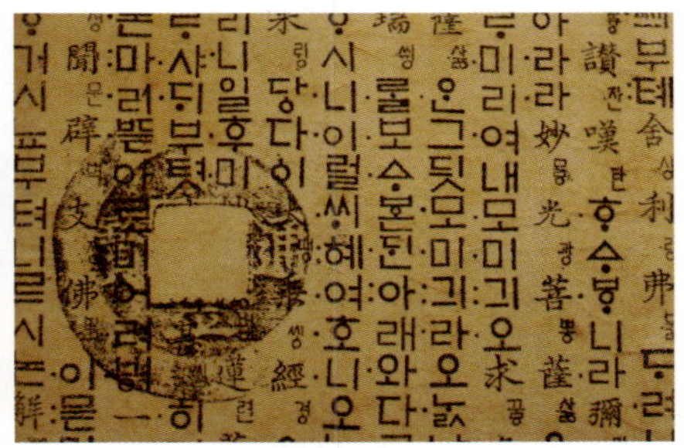

세종 대왕은 한글을 만든 이유를 이렇게 설명하였다.

"우리나라 말은 중국과 달라서, 한자로는 우리 생각을 제대로 표현하기 어렵다. 그래서 글자를 모르는 백성들이 하고 싶은 말을 제대로 쓸 수 없는 일이 많았다. 나는 이 점이 안타까워, 누구나 쉽게 익힐 수 있는 28자의 새로운 글자를 만들고자 하였다."

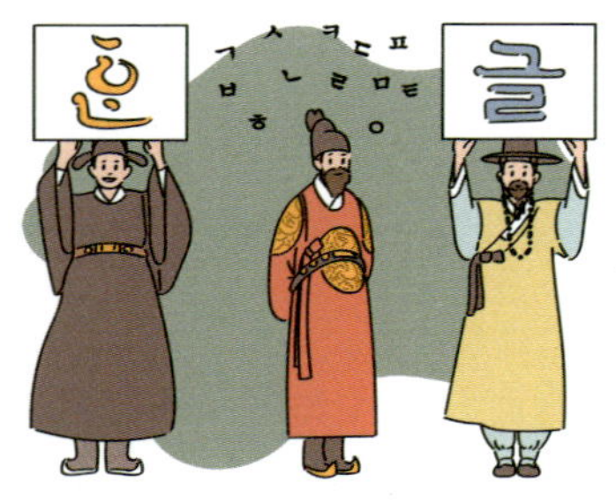


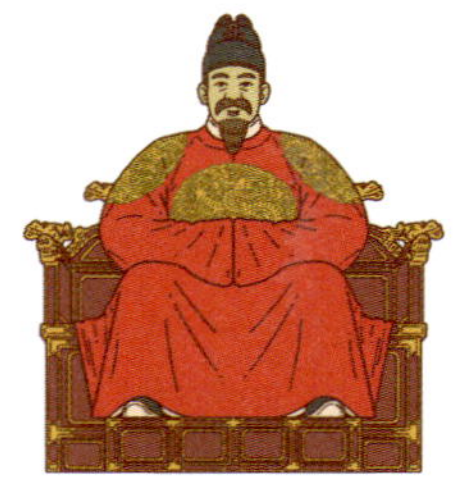

　당시 조선의 사대부 양반층은 한글의 창제를 반대했지만 세종 대왕은 백성을 위한 문자를 만들고자 했다. 그 결과 한글은 모든 계층의 사람들이 자신의 생각을 표현할 수 있는 문자로 자리 잡게 되었고 오늘날까지도 과학적이고 우수한 문자 체계로 세계적으로 인정받고 있다.

## 2. 과학적인 글자, 한글

　한글은 매우 과학적인 문자로, 성인 외국인도 약 1시간 정도 공부하면 자기 이름을 한글로 쓸 수 있을 정도로 쉽게 배울 수 있다. 한글의 자음은 기본 자음인 /ㄱ/, /ㄴ/, /ㅁ/, /ㅅ/, /ㅇ/에서 획을 더하거나 글자를 겹쳐서 새로운 글자를 만든다. 예를 들어 /ㅋ/, /ㄲ/은 /ㄱ/에 획을 하나 추가하거나 글자를 겹쳐서 만든 것이다. 이처럼 기본 자음만 익히면 다른 자음도 쉽게 배울 수 있다.

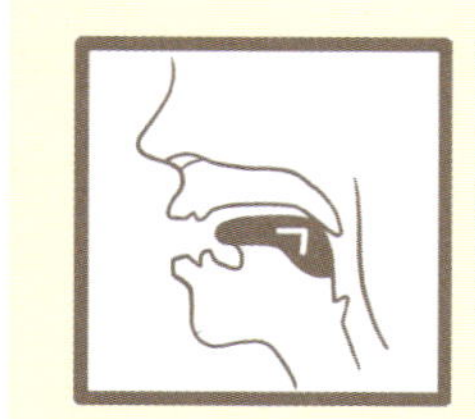
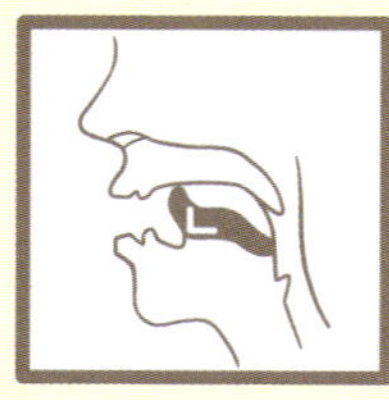
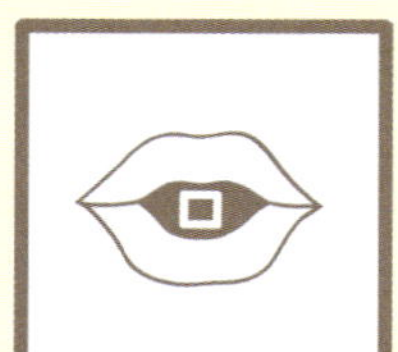
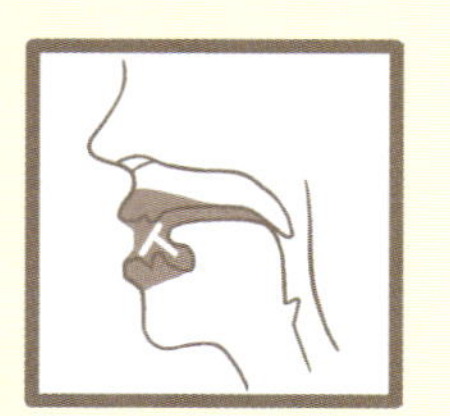

또한, 한글 자음은 사람의 발음 기관(입, 혀, 목 등)이나 소리가 나는 모양과 비슷하게 만들었기 때문에 기억하기도 쉽다. 예를 들어 /ㄱ/은 발음할 때 혀뿌리가 목구멍을 막는 모습을 나타내고, /ㄴ/은 /ㄴ/을 발음할 때 혀가 입안에서 닿는 모양을 표현한 것이다.

한글의 모음은 점(·)과 두 개의 선(ㅡ, ㅣ)으로 구성된다. 이 세 가지 요소는 단순한 기호가 아니라 각각 하늘(·), 땅(ㅡ), 사람(ㅣ)을 뜻하는 철학적인 의미도 담고 있다.

### 3. 한글의 변천

한글은 500년이 넘는 오랜 시간 동안 여러 가지 변화를 겪었다. 처음 만들어졌을 때는 자음과 모음이 모두 합쳐 28자였지만 지금은 24자로 줄어들었다. 또한 글자의 모양도 달라졌다. 옛날 한글은 획의 끝이 둥글고 굵기가 일정한 모양이었지만 시간이 지나면서 지금과 같은 각지고 간결한 형태로 바뀌었다.

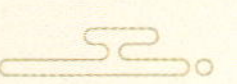
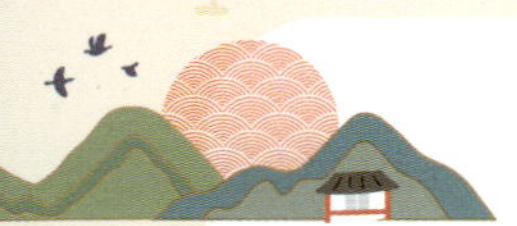

# 제8강

# 한국의 언어, 한글

**8-2** 지역 방언과 사회 방언



1. 한국의 사회 방언에 대해 알 수 있다.

2. 한국의 지역 방언에 대해 이해할 수 있다.

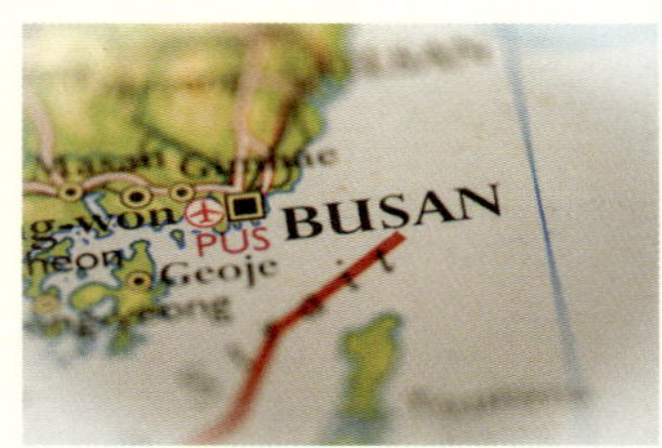
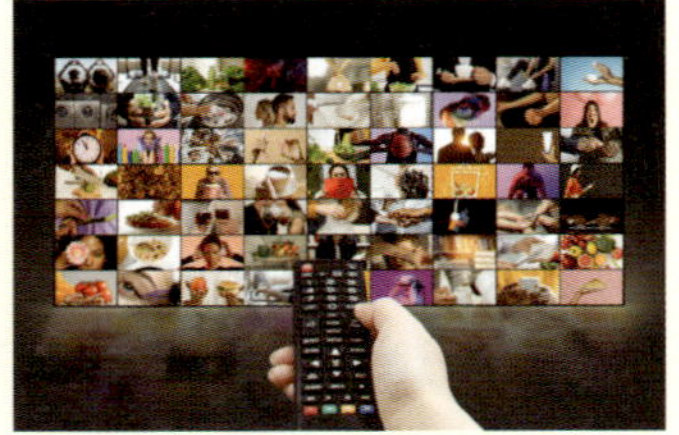
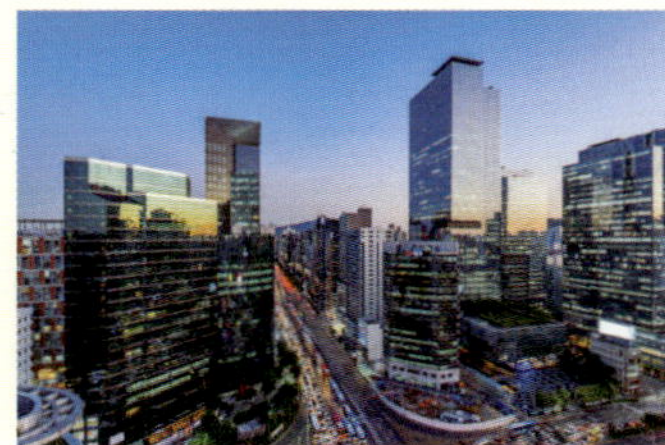
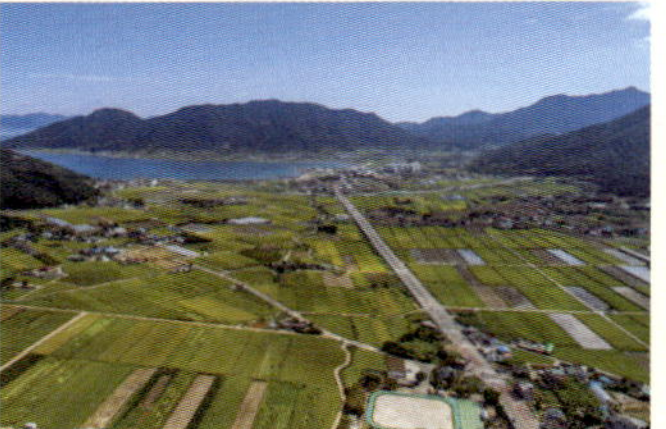



☑ 지역 방언　　☑ 사투리　　☑ 사회 방언　　☑ 신조어

☑ 유행어　　☑ 표준어　　☑ 억양　　☑ 발음

☑ 의사소통　　☑ 어휘

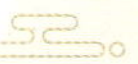

지역 방언이란, 특정 지역이나 지방에서만 사용하는 말로 표준어와는 다른 표현을 말한다. 방언은 지역마다 발음, 단어, 억양 등이 다르기 때문에 다른 지역 사람과는 의사소통이 어려울 수도 있다. 하지만 같은 지역 사람끼리는 더 친근하고 따뜻한 느낌을 줄 수 있다.

### 1) 경상도(부산) 방언

억양이 강하고 높낮이의 차이가 크다. 이러한 높낮이의 차이로 의미가 달라지는 경우도 있다.

- 우\리↗ : '우리' 가족
- 우↗리\ : 동물을 가두어 놓고 키우는 곳

또한 말하는 속도가 빠르기 때문에 앞 글자와 뒤 글자가 이어져서 발음되거나 비슷한 소리가 합쳐져 하나처럼 들리는 경우가 있다.

- 형님 → 햄, 선생님 → 샘
- 밥 묵었나 → 밥 무었나 → 밥 뭇나

### 2) 전라도 방언

전라도 방언에서는 말 끝에 '-잉', '-랑께' 같은 표현을 자주 사용하고 비음(콧소리)도 많이 나는 것이 특징이다. 또한 '아따', '양', '참말로', '겁나게'와 같은 강조 표현(부사)을 자주 사용한다. 이러한 특징 덕분에 전라도 방언의 어휘나 억양을 잘 몰라도 특징적인 말투나 추임새만 잘 사용하면 전라도 방언처럼 들리게 말할 수 있다.

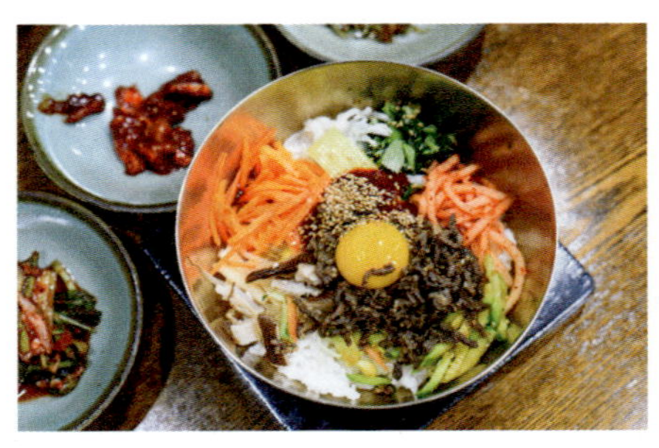
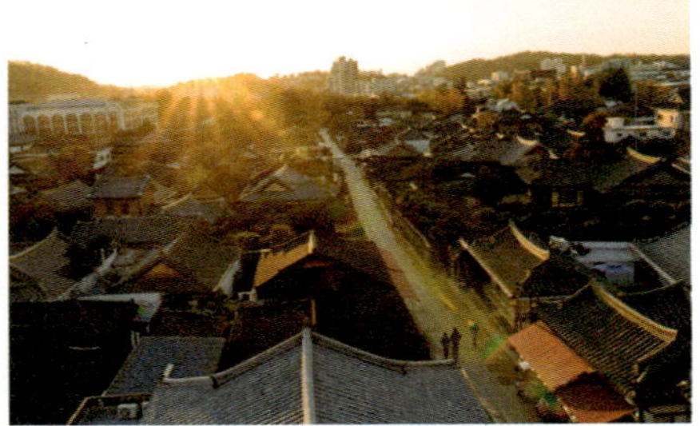

### 3) 충청도 방언

충청도 방언은 한국에서 말의 속도가 가장 느린 방언으로 알려져 있다. 그래서 성격이 급한 경상도 사람이 충청도 사람과 대화를 하면 답답함을 느끼는 경우도 있다. 또한 충청도 방언은 경기·서울 방언의 영향을 많이 받았기 때문에 억양만 빼면 표준어와 가장 비슷한 방언이라고도 할 수 있다.

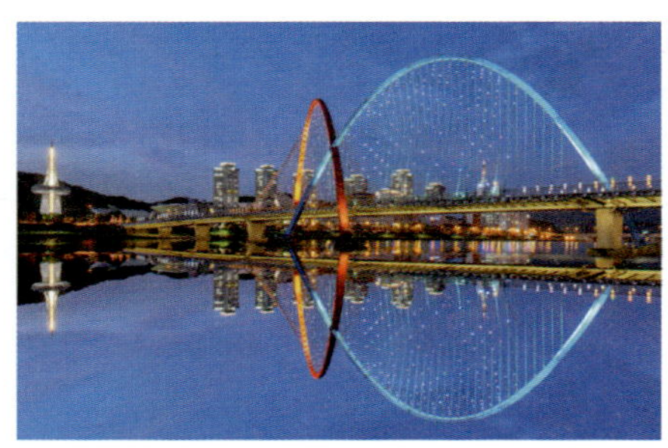
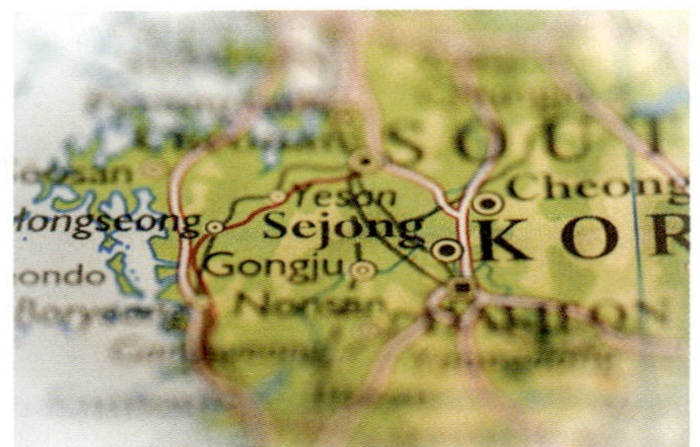

## 2. 생활 속의 한국어

한국어는 사용하는 사람의 성별, 나이, 지역에 따라 조금씩 다른 특징을 보인다. 예를 들어, 남성과 여성은 대화 방식, 대화 주제, 어휘, 발음에서 차이를 보인다. 여성은 보통 맞장구를 치며 함께 이야기하는 협동적인 대화를 선호하는 반면, 남성은 화제를 이끌고 경쟁적으로 말하는 경우가 많다. 또한 여성은 남성보다 '그치(그렇지)'와 같은 축약형 표현을 자주 사용하거나 '요것', '고것', '조것'처럼 작고 귀여운 느낌이 드는 지시어를 선호하는 경향이 있다.

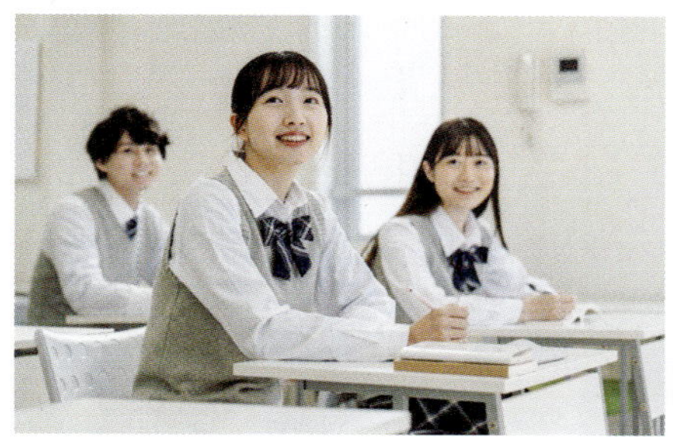
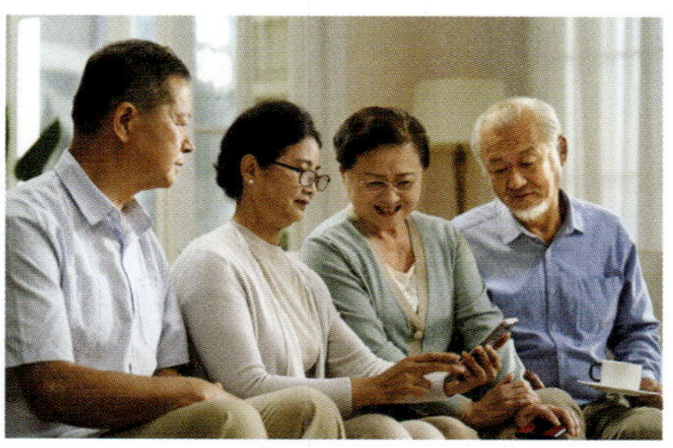

나이에 따라 사용하는 언어도 다르다. 젊은 세대와 나이 든 세대는 발음, 단어 선택, 문법 표현 방식이 서로 다르며, 이러한 차이는 일상생활에서도 쉽게 볼 수 있다. 특히 젊은 세대는 기존 표현을 바꿔 말하거나 자신들만 이해할 수 있는 신조어와 유행어를 자주 사용한다. 이러한 표현은 한국어 어휘를 더 풍부하게 만들고 시대의 분위기를 반영한다는 점에서 긍정적이지만 지나치게 사용하면 세대 간 의사소통에 어려움을 주거나 언어 체계를 흐릴 수 있다.

| | |
|---|---|
| **훈민정음** | 세종 대왕이 창제한 문자(한글) 자체, 또는 한글을 세상에 알리기 위해 만든 해설서 |
| **창제** | 전에 없던 것을 처음으로 만들거나 정함. |
| **자음** | 목, 입, 혀 등의 발음 기관에 의해 장애를 받으며 나는 소리 |
| **모음** | 사람이 목청을 울려 내는 소리로, 공기의 흐름이 방해를 받지 않고 나는 소리 |
| **사투리** | 일부 지방에서만 쓰는, 표준어가 아닌 말 |
| **신조어** | 새로 생긴 말 |
| **억양** | 말소리의 높낮이를 변하게 함. 또는 그런 변화 |
| **표준어** | 한 나라에서 공식적으로 쓰는 언어 |
| **유행어** | 어느 한 시기에 많은 사람들 사이에 널리 퍼져 쓰이는 말 |

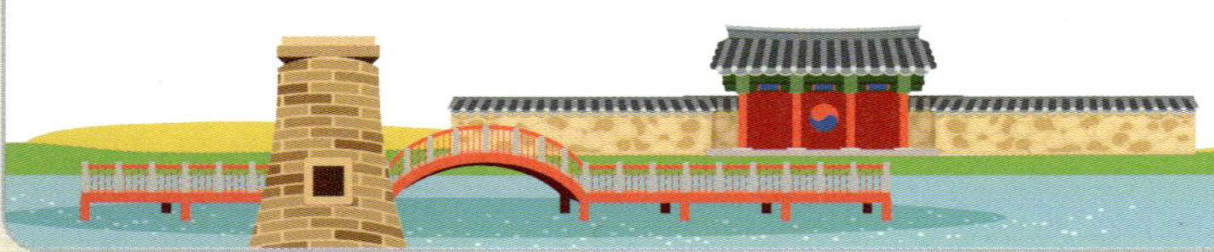
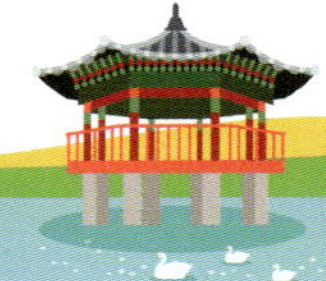

### 🗨 풀어 봅시다

**1. 다음 글에서 설명하고 있는 것을 쓰시오.**

> 어떤 지역이나 지방에서만 쓰는, 표준어가 아닌 말을 의미한다. 이 말을 사용하면 다른 지역 사람과는 의사소통이 잘 되지 않지만 같은 지역 사람 간에는 친근함과 정겨움을 준다.

**2. 한글에 대한 설명으로 맞는 것을 고르시오.**

① 한글을 만든 사람과 반포일을 알 수 없다.

② 발음 기관의 모양을 통해 모음을 만들었다.

③ 자모의 글자 수는 24자에서 28자로 늘어났다.

④ 기본 글자에서 획을 더하여 다른 글자를 만들 수 있다.

**3. 유행어에 대한 설명으로 잘못된 것을 고르시오.**

① 한국어 어휘를 더 풍부하게 만들어 준다.

② 대부분 짧은 시기에 사용했다가 사라진다.

③ 젊은 사람들보다 나이가 많은 사람들이 사용한다.

④ 부모와 자녀 간의 의사소통에 문제가 생기기도 한다.

**4. 최근 한국에서 유행하고 있는 표현을 알고 있습니까?**
   **그리고 여러분 나라에는 어떤 유행어가 있습니까?**

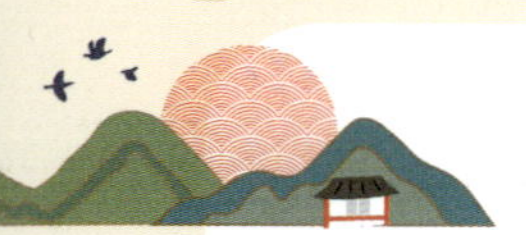

# 제9강

# 한국의 문화유산

**9-1** 한국의 세계 문화유산

## 학습 목표

1. 한국 세계 문화유산 유형에 대해 알 수 있다.

2. 한국의 대표적인 세계 문화유산에 대해 이해하고 다른 사람에게 설명할 수 있다.

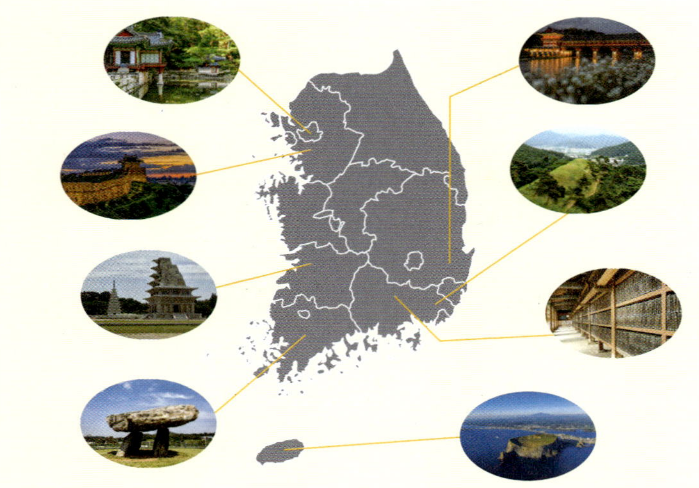

## 주요 단어

- ☑ 유네스코
- ☑ 문화유산
- ☑ 자연유산
- ☑ 기록 유산
- ☑ 무형유산
- ☑ 불교 유적
- ☑ 유교 유적
- ☑ 산사
- ☑ 서원

## 1. 한국의 세계 문화유산

2025년 기준으로 유네스코에 등록된 세계 유산은 모두 1,223점이다. 전 세계 168개국에 분포되어 있다. '문화유산', '자연유산', '복합 유산' 등 3가지로 나뉘는 세계 유산은 문화유산은 952점, 자연유산 231점, 복합 유산 40점이다. 모두가 인류 전체를 위해 보호되어야 할 뛰어난 보편적 가치(Outstanding Universal Value)가 있다고 인정한 것들이다.

이 가운데 한국의 세계 문화유산은 1995년 해인사 장경판전, 종묘, 석굴암·불국사가 처음 등재된 이래 창덕궁(1997년), 수원 화성(1997년), 고창·화순·강화 고인돌 유적, 경주 역사 유적 지구(이상 2000년), 제주 화산섬과 용암 동굴(2007년), 조선 왕릉(2009년), 한국의 역사 마을: 하회와 양동(2010년), 남한산성(2014년), 백제 역사 유적 지구(2015년), 산사, 한국의 산지 승원(2018년), 한국의 서원(2019년), 한국의 갯벌(2021년), 가야 고분군(2023년) 등 모두 16점이다.

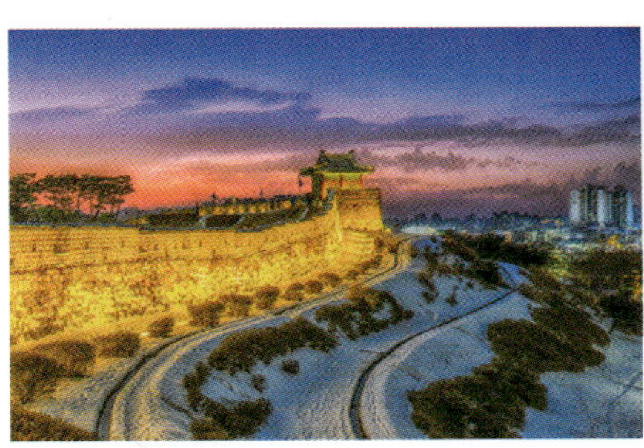
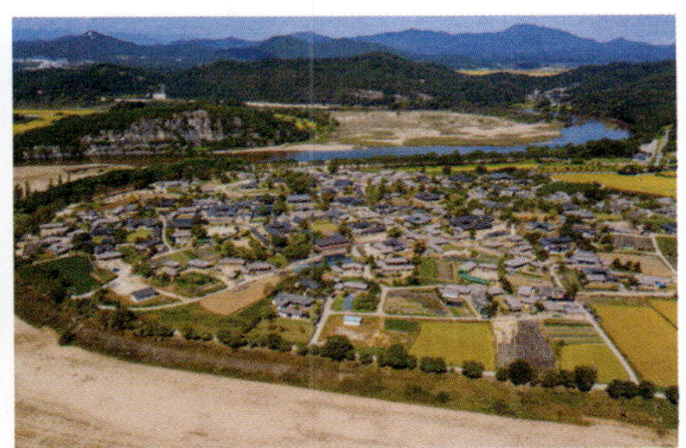
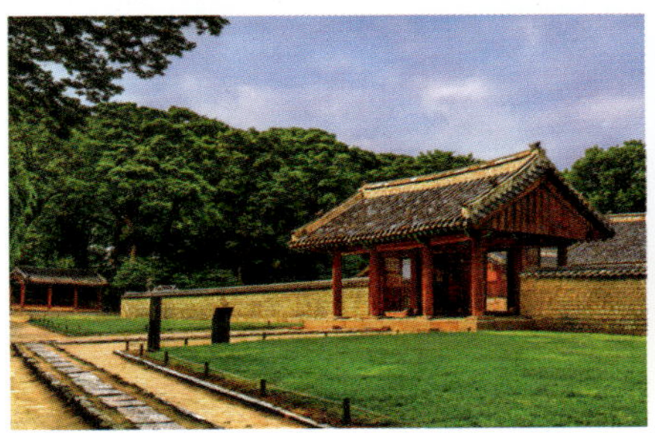
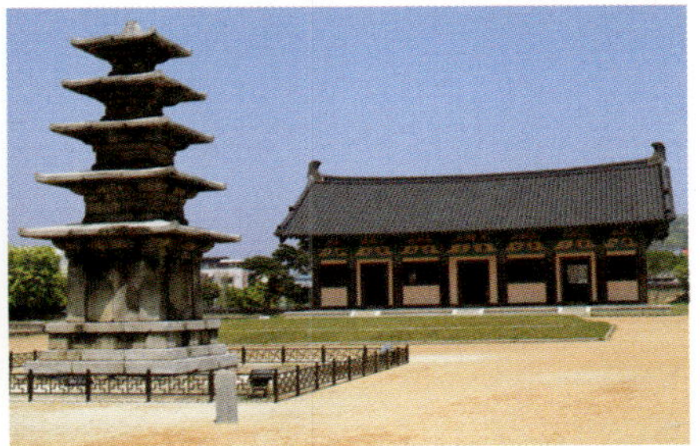

또한 경남 양산 통도사, 경북 영주 부석사, 경북 안동 봉정사, 충북 보은 법주사, 충남 공주 마곡사, 전남 순천 선암사, 전남 해남 대흥사 등 7개 산지 승원, 경북 영주 소수서원, 경남 함양 남계서원, 경북 경주 옥산서원, 경북 안동 도산서원과 병산서원, 전남 장성 필암서원, 대구 달성 도동서원, 전북 정읍 무성서원, 충남 논산 돈암서원 등 9개 서원, 경북 경주역사 유적 지구와 충남 공주, 부여, 전북 익산 등지에 흩어진 백제 역사 유적 지구, 18개 지역의 조선 왕릉 등 모두 60여 개 지역에서 한국의 세계 문화유산을 만날 수 있다.

### 1) 경주 역사 유적 지구

2025년 10월 아시아·태평양 경제 협력체(APEC) 정상 회의 개최지 경주는 도시 전체가 세계 문화유산 역사 유적 지구로 지정됐다. 경주 역사 유적 지구에는 조각, 탑, 사찰지, 궁궐지, 왕릉, 산성을 비롯해 신라 시대의 뛰어난 불교 유적과 생활 유적이 집중 분포되어 있다. 특히 7세기부터 10세기 사이의 유적이 많아 신라 고유의 탁월한 예술성을 확인할 수 있다. 신라의 수도였던 경주는 1,000년 역사를 간직하고 있으며, 신라인의 생활 문화와 예술 감각을 고스란히 보여 주는 곳이다. 경주 역사 유적 지구는 모두 5개 지구로 이루어져 있다. 다양한 불교 유적을 포함하고 있는 남산 지구, 옛 왕궁 터였던 월성 지구, 많은 고분이 모여 있는 대릉원 지구, 불교 사찰 유적지인 황룡사 지구, 방어용 산성이 위치한 산성 지구 등이다.

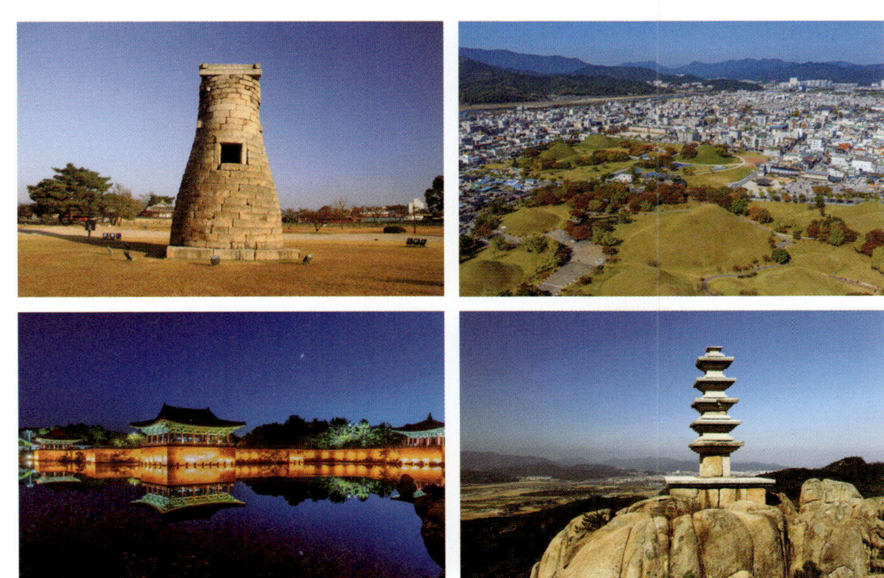

## 2) 석굴암과 불국사

경주에 있는 석굴암과 불국사는 신라 시대에 만들어진 고대 불교 유적이다. 석굴암은 불상을 모신 석굴이며, 불국사는 사찰 건축물이다. 두 유산 모두 경주시 동남쪽 토함산에 자리하고 있다. 불국사는 528년에 창건된 뒤 751년 당시 재상이었던 김대성이 크게 중창하였고, 불국사를 중창한 김대성이 같은 해에 석굴암도 함께 창건을 시작해 23년 만에 완공하였다.

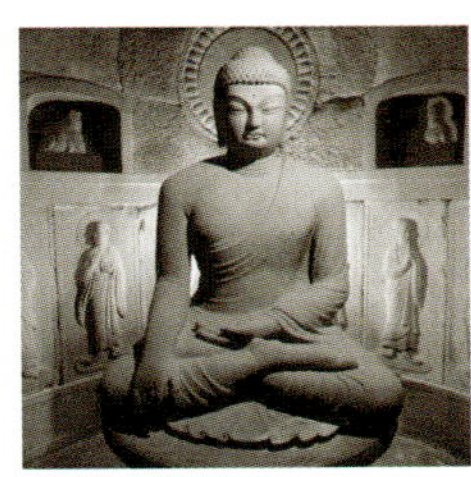
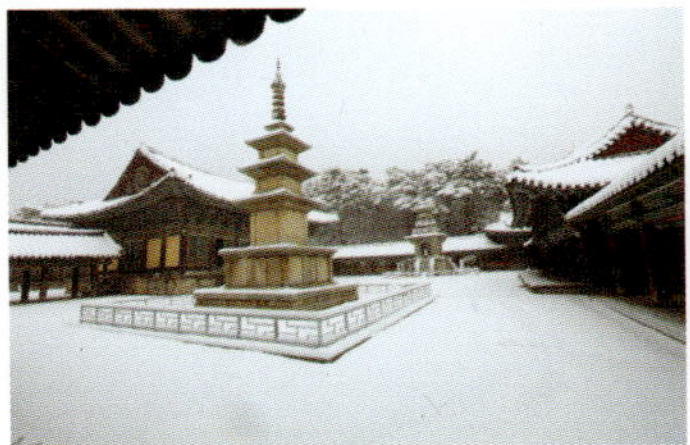
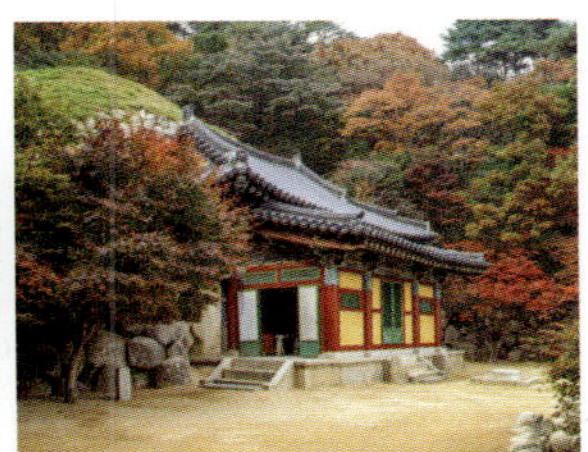

국가유산청

석굴암은 화강암을 이용해 인위적으로 쌓아 만든 석굴로 원형의 주실 중앙에 본존불을 안치하고 그 주위 벽면에 보살상, 나한상, 신장상 등을 조화롭게 배치하였다.

특히 불국사는 인공적으로 쌓은 석조 기단 위에 지은 목조 건축물로 고대 불교 건축의 정수를 보여 준다. 특히 석굴암 조각과 불국사의 석조 기단 및 두 개의 석탑은 동북아시아 고대 불교 예술의 최고 걸작 중 하나로 꼽힌다.

# 제9강

# 한국의 문화유산



## 학습 목표

1. 한국의 세계 무형 문화유산에 대해 알 수 있다.

2. 한국의 기록 유산에 대해 이해하고, 이를 다른 사람에게 설명할 수 있다.

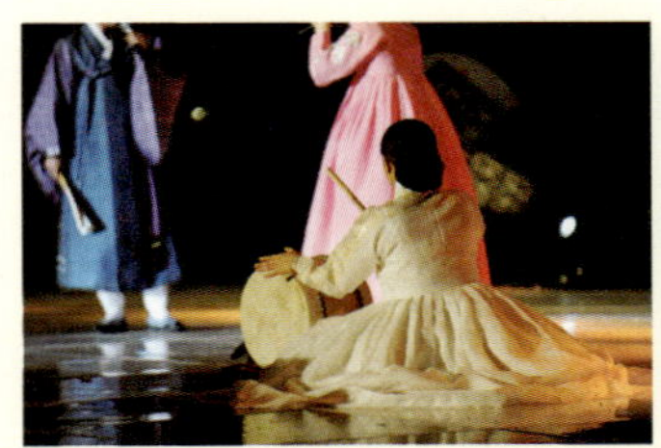
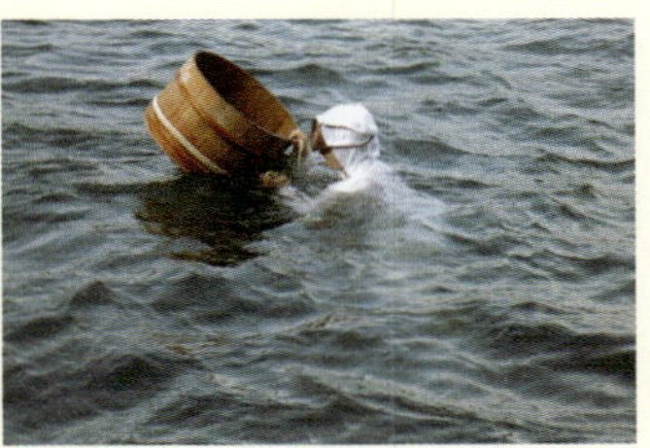
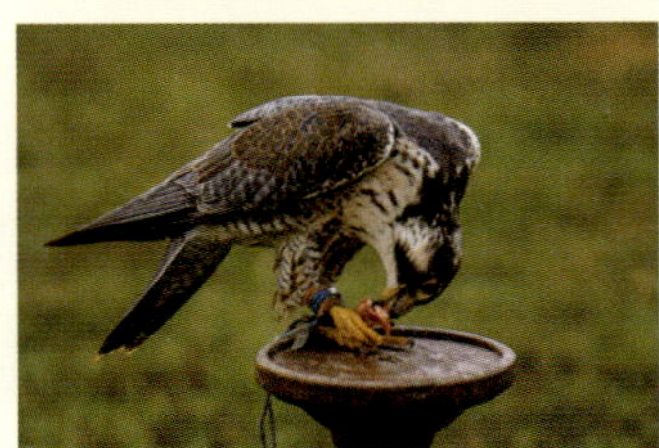
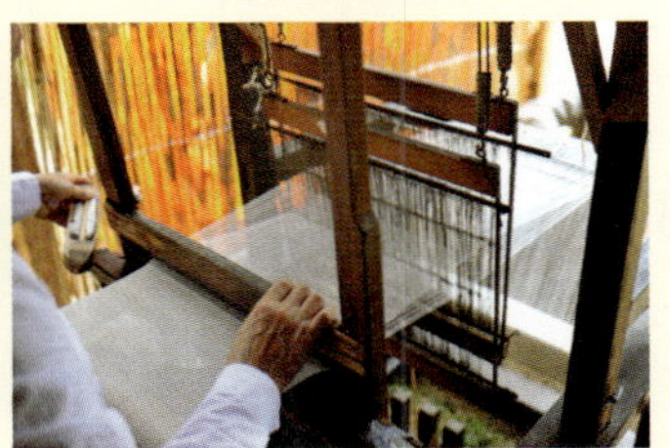

## 주요 단어

- ☑ 등재
- ☑ 문화유산
- ☑ 유네스코(UNESCO)
- ☑ 자연유산
- ☑ 복합 유산
- ☑ 산사
- ☑ 산성
- ☑ 산지 승원
- ☑ 서원

## 1. 세계 무형 문화유산

유네스코 등재 유산에는 세계 유산 외에 '무형 문화유산'이라는 것도 있다. 말 그대로 음악이나 연극처럼 형태가 없는 것을 말한다. 2025년 기준으로 무형 문화유산 대표 목록에 등재된 전 세계의 무형유산은 788점에 이른다.

한국의 세계 무형 문화유산으로는 2001년 종묘 제례 및 종묘 제례악이 처음으로 등재됐다. 이후 판소리(2003년), 강릉 단오제(2005년), 남사당·영산재·제주 칠머리당 영등굿·처용무·강강술래(이상 2009년), 가곡·대목장·매사냥(이상 2010년), 줄타기·택견·한산 모시 짜기(이상 2011년), 아리랑(2012년), 김치와 김장 문화(2013년), 농악(2014년), 줄다리기(2015년), 제주 해녀 문화(2016년), 씨름(2018년), 탈춤(2022년), 장담그기 문화(2024년) 등 모두 23건이 등재되어 있다.

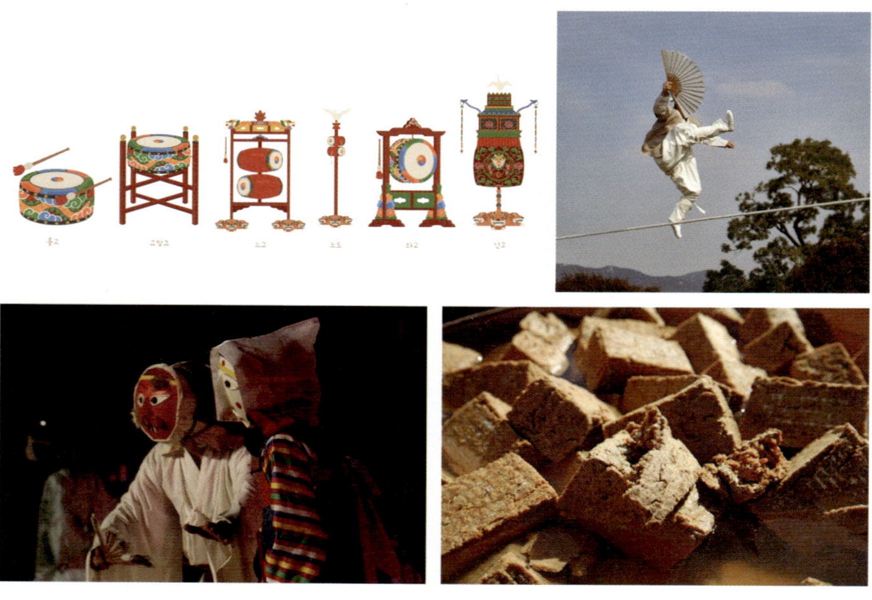

## 1) 종묘 제례와 종묘 제례악

종묘는 조선 시대의 여러 왕과 왕비 등을 모신 사당이다. 이곳에서는 해마다 큰 제사가 열리는데 이것을 '종묘 제례'라 하고, 이때 연주하는 음악을 '종묘 제례악'이라고 한다. 종묘 제례악은 한국의 국가 무형유산 제1호이기도 하다.

조선 시대에는 조상을 잘 모시는 것을 인간의 도리이자 나라를 다스리는 가장 중요한 법도라고 여겼다. 그 때문에 종묘 제례는 나라의 제사 중 가장 엄숙하면서도 웅장하고 화려하게 진행되고 있다.

## 2) 강릉 단오제

단오제는 풍년이 들기를 바라는 마음으로 한바탕 잔치를 즐기기 위한 것이다. 한국의 각 지방이나 마을마다 단오 행사가 펼쳐지는데, 창포로 머리를 감거나 그네뛰기, 줄다리기 등의 놀이를 즐겼다. 이 가운데 가장 유명한 것이 강원도 강릉 지역의 단오제이다. 강릉 단오제는 1,000여 년의 역사를 지니고 있을 뿐 아니라 예술성 높은 춤과 연극, 공예 등이 다양하게 펼쳐지고 있다. 이 때문에 2005년에 세계 무형 문화유산으로 등록되었다.

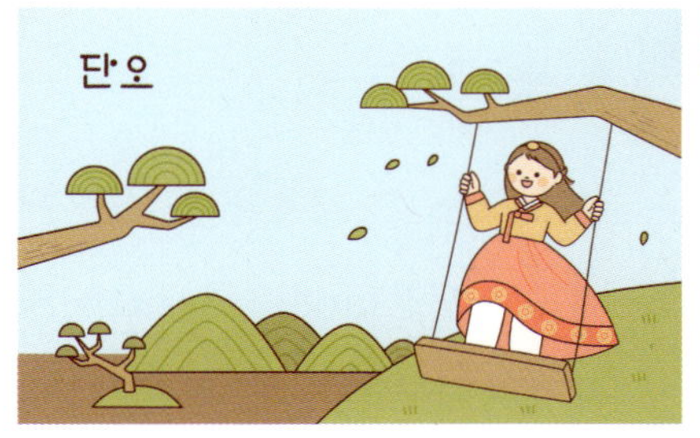


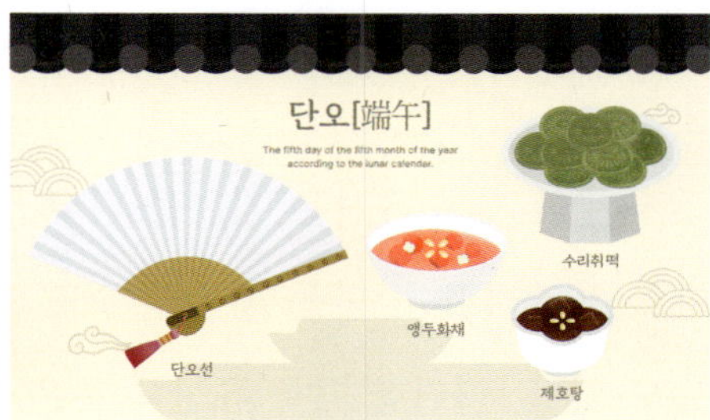

2004년 한국이 강릉 단오제를 유네스코에 세계 무형 문화유산으로 지정해 달라고 신청하자 중국인들이 "단오는 중국의 것인데 왜 한국이 단오를 한국의 무형유산이라고 하느냐"며 반발하기도 했다. 물론 한국과 중국의 단오는 모두 음력 5월 5일로 날짜와 이름이 같지만 유네스코에 등록한 한국의 강릉 단오제와 중국의 단오절은 그 내용이 완전히 다르다. 초(楚)나라 대부 굴원의 죽음에서 유래된 중국의 단오절은 굴원의 시신을 찾기 위해 앞다퉈 나아간 배들의 모습을 기리는 용주시합(龙舟比赛)과 물고기들로부터 굴원의 시신을 지키기 위해 대나무 잎에 찹쌀을 넣고 쪄 낸 쭝즈(粽子)를 강에 던지는 행사가 주를 이루고 있다.

그러나 강릉 단오제는 고려 때부터 시작된 제사 의식이다. 강릉 단오제의 내용은 창포물에 머리 감기와 씨름, 그네뛰기, 제사 등 유교 의식과 무교 의식이 혼합된 종교 의례이다. 이 때문에 한국이 유네스코에 무형유산으로 등록 신청한 것은 '단오' 자체가 아니라 5월 5일 단오에 시작하는 강릉 단오제의 모든 의례와 형식, 내용인 것이다. 다행인 것은 2005년 강릉 단오제가 유네스코 무형 문화유산에 등재된 4년 뒤 중국의 단오절도 무형 문화유산으로 선정되면서 유네스코가 한국과 중국의 '단오'가 서로 다름을 인정해 이러한 양국 간 갈등과 오해는 사라지게 됐다.

## 2. 세계 기록 유산

세계의 기록 유산은 기록을 담고 있는 정보 또는 그 기록을 전하는 매개물을 가리킨다. 단독 기록일 수도 있고, 기록의 모음(archival fonds)일 수도 있다. 이러한 기록 유산 목록은 전 세계 124개국 및 8개 기구의 496건에 이른다.

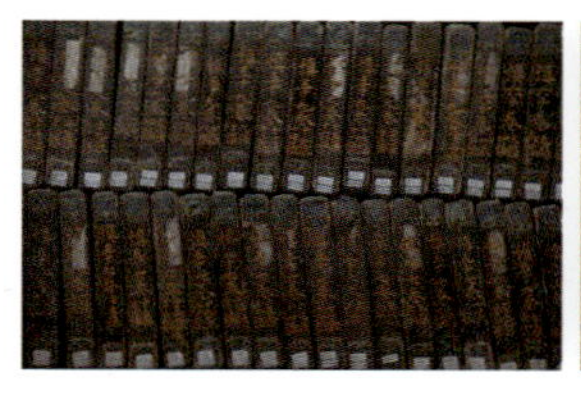 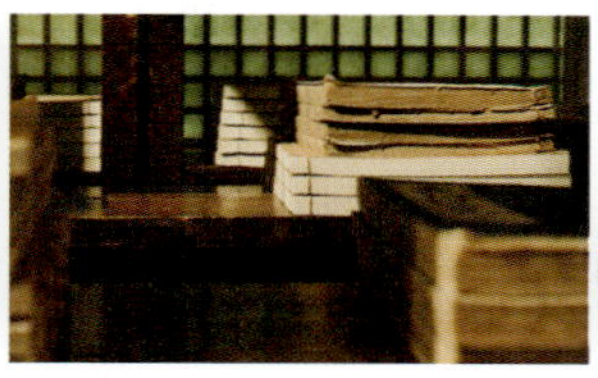 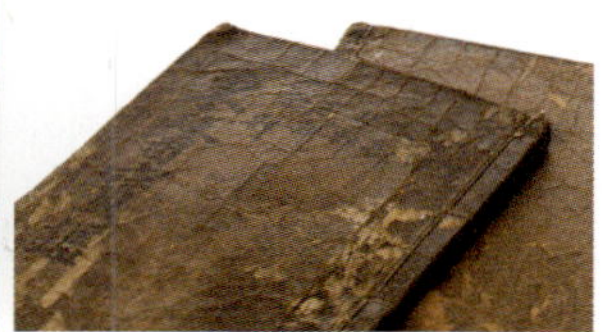

이 가운데 한국의 세계 기록 유산은 1997년 훈민정음(해례본), 조선왕조실록을 시작으로 직지심체요절, 승정원일기(이상 2001년), 해인사 고려대장경판 및 제경판, 조선 왕조 의궤(이상 2007년), 동의보감(2009년), 일성록(2011년), 5.18 민주화 운동 기록물(2011년), 난중일기, 새마을 운동 기록물(이상 2013년), 한국의 유교책판, KBS 특별 생방송 '이산가족을 찾습니다' 기록물(이상 2015년), 조선 왕실 어보와 어책, 국채 보상 운동 기록물, 조선 통신사 기록물(이상 2017년), 4.19 혁명 기록물, 동학 농민 혁명 기록물(이상 2023년), 산림 녹화 기록물, 제주 4.3 기록물(이상 2025년) 등 모두 20건이 등재되어 있다. 이러한 한국의 세계 기록 유산은 세계에서 다섯 번째, 아시아/태평양 지역에서는 가장 많다. 한국인들이 기록에 대해 얼마나 중요하게 생각하는지를 알게 하는 대목이다.

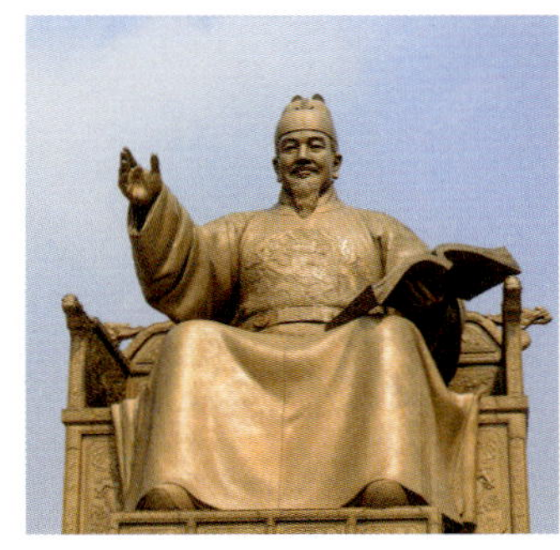 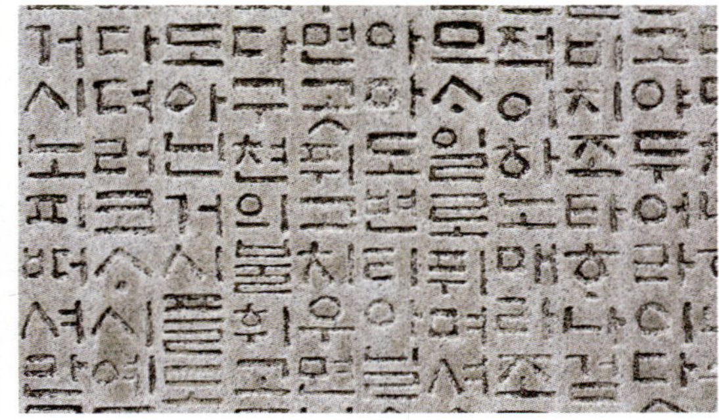

한국의 세계 기록 유산 가운데 가장 먼저 등재된 훈민정음은 국보 제70호로 보호되고 있는 기록 유산이다.

1446년 음력 9월에 반포된 훈민정음 판본에는 1443년에 창제된 한국의 문자 한글을 공표하는 조선 왕조 제4대 임금 세종 대왕(재위 1418-1450)의 반포문이 포함되어 있다. 또한 정인지 등 집현전 학자들이 해설과 용례를 덧붙여 쓴 해설서 '해례본'이 포함되어 있다. 그러므로 이 판본을 '훈민정음 해례본'이라 하며, 서울 간송 미술관에 보관되어 있다.

한국 정부는 '훈민정음 해례본'의 발간 날짜를 양력으로 계산하여 10월 9일을 한글날로 지정한 뒤 1946년부터 매년 국가 기념행사를 열고 있다. 그만큼 이 책은 한국인에게 중요한 것이다. 또 현재 유네스코가 문맹 퇴치에 기여한 이에게 주는 상을 '유네스코 세종 대왕 문해상(UNESCO King Sejong Literacy Prize)'이라고 하는 사실도 이 책이 세계의 문화에 끼친 영향을 잘 보여 주는 사례다.

## 🔍 단어해설

**등재**
일정한 사항을 장부나 대장에 올림. '기록하여 올림'으로 순화할 수 있다.

**유네스코(UNESCO)**
세계 문화유산을 선정하고 보존하는 국제기구로, 많은 중세 건축물을 다루며, 전 세계의 교육, 과학, 문화 보급과 교류를 위해 설립된 유엔(UN)의 전문 기구

**문화유산**
기념물, 건축물, 유적, 도시 등 역사적, 예술적, 고고학적 가치를 지닌 인류의 창조물과 그 유산

**자연유산**
뛰어난 자연 경관, 지질학적 특징, 생태적 가치 등을 지닌 유산

**복합 유산**
문화적 가치와 자연적 가치가 복합적으로 얽혀 있는 유산

**산사**
승려가 불상을 모시고 불도(佛道)를 닦으며 교법을 펴는 집으로 '절'이라고도 함.

**산성**
말소리의 높낮이를 변하게 함. 또는 그런 변화

**산지 승원**
불교 출가자와 신자를 포함한 신앙 공동체가 수행과 신앙 및 생활을 유지하고 있는 승원

**서원**
조선 중기 이후 명현을 제사하고 인재를 키우기 위해 전국 곳곳에 세운 사설 교육 기관

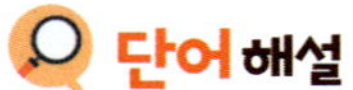

## 단어해설

| | |
|---|---|
| **사당** | 조상의 신주를 모시는 곳. 가묘(家廟)라고도 한다. |
| **도리** | 마땅히 지켜야 할 바른 이치 |
| **풍년** | 곡식이 잘 자라고 잘 여물어 평년보다 수확이 많은 해 |
| **잔치** | 기쁜 일이 있을 때에 음식을 차려 놓고 여러 사람이 모여 즐기는 일 |
| **매개물** | 둘 사이에서 양쪽의 관계를 맺어 주는 물건 |
| **창제** | 전에 없던 것을 처음으로 만들거나 제정함. |
| **반포** | 세상에 널리 퍼뜨려 모두 알게 함. |
| **용례** | 쓰고 있는 예. 또는 용법의 보기 |
| **집현전** | 고려 시대와 조선 초기에 걸쳐 궁중에 설치한 기관으로 학자 양성과 학문 연구를 담당하였다. |

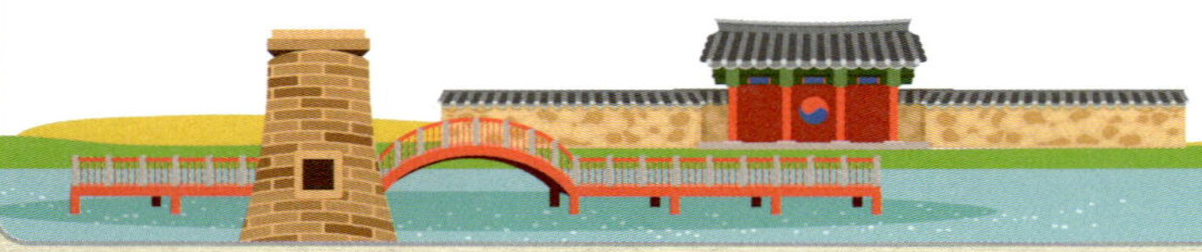

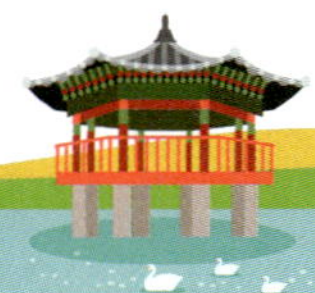

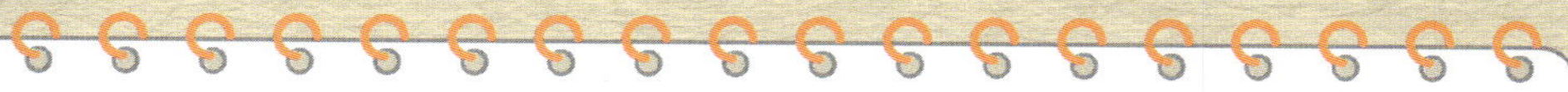 풀어 봅시다

1. 여러분 나라에는 어떤 세계 유산이 있습니까? 한국의 세계 유산과 비교
해서 설명해 봅시다.

2. 문화유산과 자연유산, 그리고 복합 유산에 대해 비교하여 설명하고 그
대표적인 유산들을 이야기해 봅시다.

3. 한국 정부가 10월 9일을 국가 기념일인 한글날로 지정하거나 현재 유네
스코가 문맹 퇴치에 기여한 이에게 주는 상을 '세종 대왕 문해상(King
Sejong Literacy Prize)'이라고 하는 사실은 훈민정음의 우수성을 한국
과 세계가 인정하고 있다는 증거입니다. 한글의 우수성을 서로 이야기해
봅시다.

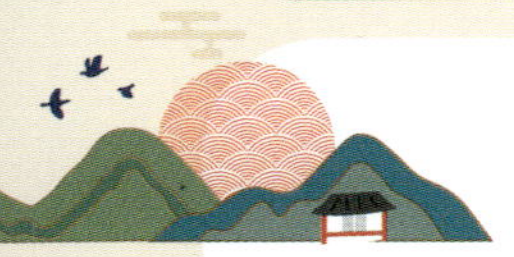

# 제10강
# 한국의 국경일과 기념일

**10-1** 국경일



1. 한국의 국경일에 대해 알 수 있다.

2. 한국의 국경일에 대한 의미를 다른 사람에게 설명할 수 있다.

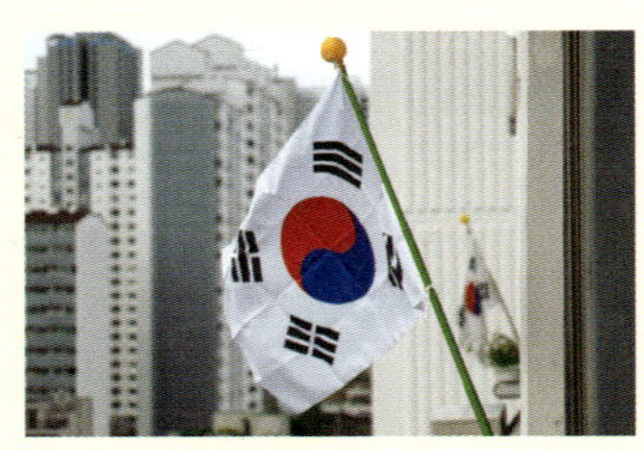
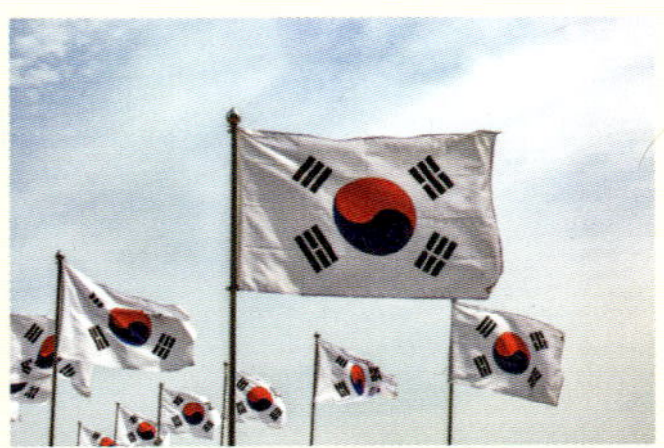
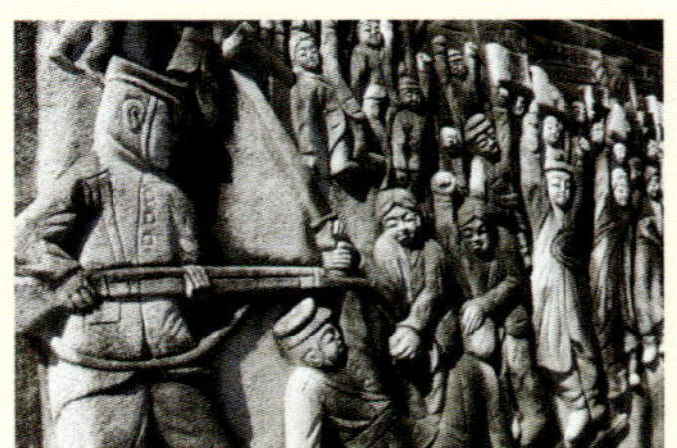
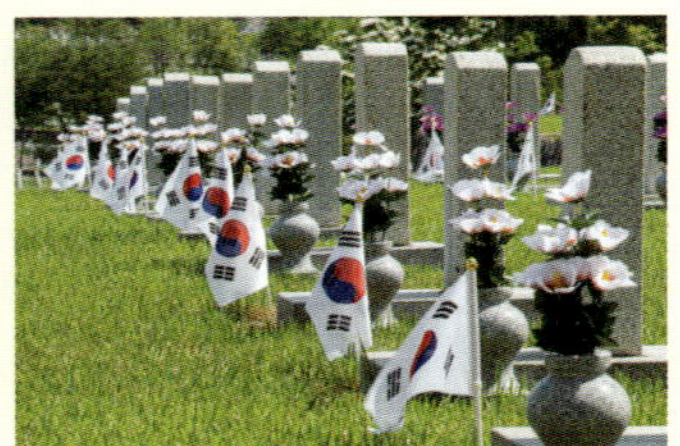



☑ 경사　　　☑ 국경일　　　☑ 독립　　　☑ 제헌

☑ 광복　　　☑ 우수성

　국경일은 국가의 경사스러운 날을 기념하기 위하여 법으로 지정한 날이다. 한국은 1949년 10월 1일에 '3·1절', '제헌절', '광복절', '개천절'인 4대 국경일을 정하였다. 그 후 2005년에 '한글날'을 국경일에 추가하여 현재 한국의 국경일은 5일이다.

| 국경일 | 날짜 | 내용 | 공휴일 |
| --- | --- | --- | --- |
| 3·1절 (삼일절) | 3/1 | 1919년 3월 1일, 일본의 식민지를 반대하고, 독립 선언서를 발표하여 한국의 독립 의사를 세계에 알린 것을 기념하는 날이다. | ○ |
| 제헌절 | 7/17 | 1948년 7월 17일, 헌법을 처음으로 만든 것을 기념하는 날이다. (2008년부터 공휴일에서 제외되었다.) | X |
| 광복절 | 8/15 | '빛을 되찾은 날'이라는 뜻으로 1945년 8월 15일, 한국이 일본으로부터 독립한 것을 기념하는 날이다. | ○ |
| 개천절 | 10/3 | '하늘이 열린 날'이라는 의미로 '단군'을 기념하는 날이다. | ○ |
| 한글날 | 10/9 | 한글의 우수성을 알리고, 한글을 만든 것을 기념하는 날이다. | ○ |

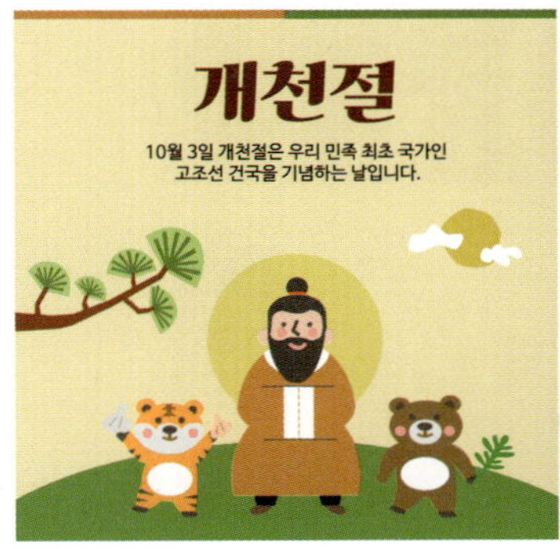


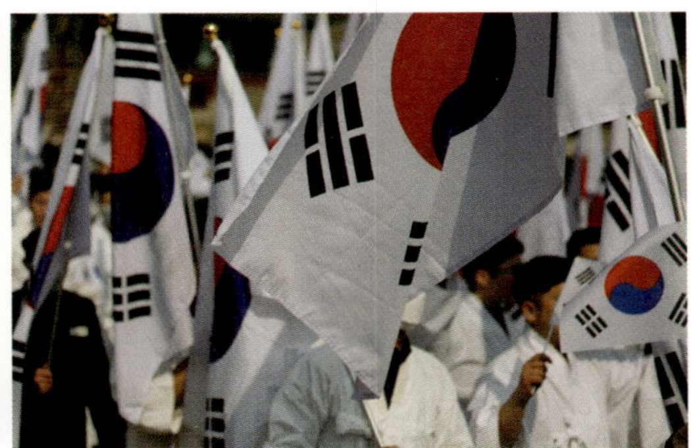

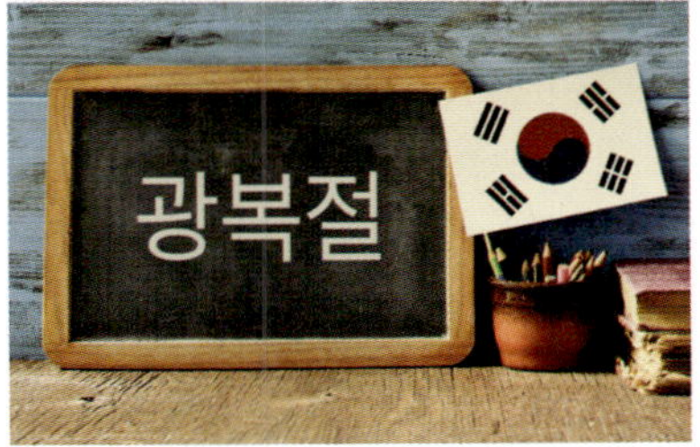

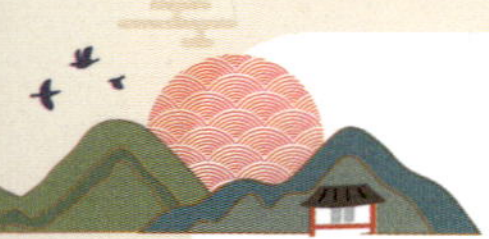

# 제10강

# 한국의 국경일과 기념일

**10-2** 기념일



1. 한국의 기념일에 대한 의미를 알고, 이를 다른 사람에게 설명할 수 있다.

2. 한국의 기념일 문화에 대해 이해할 수 있다.

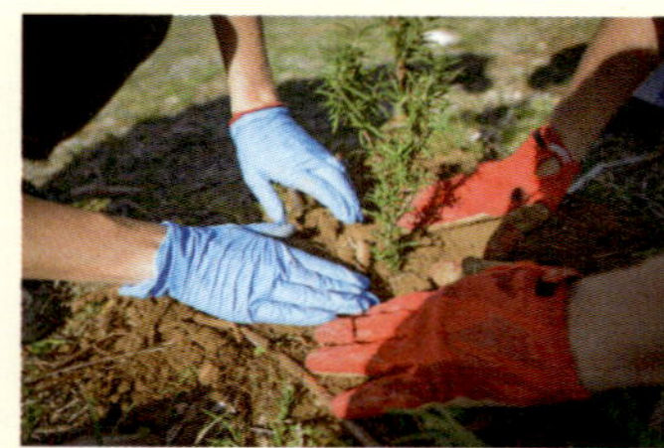
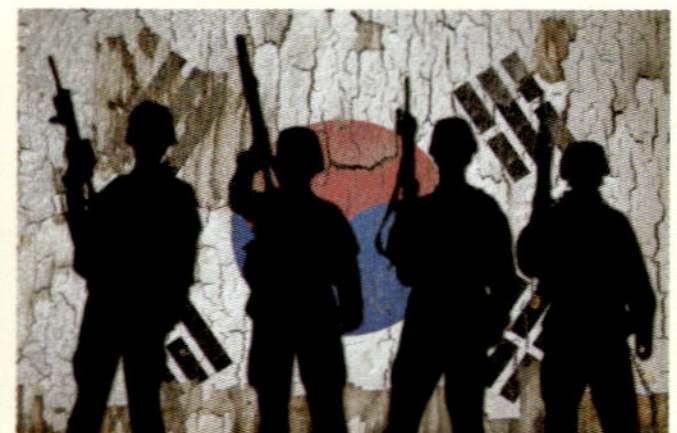
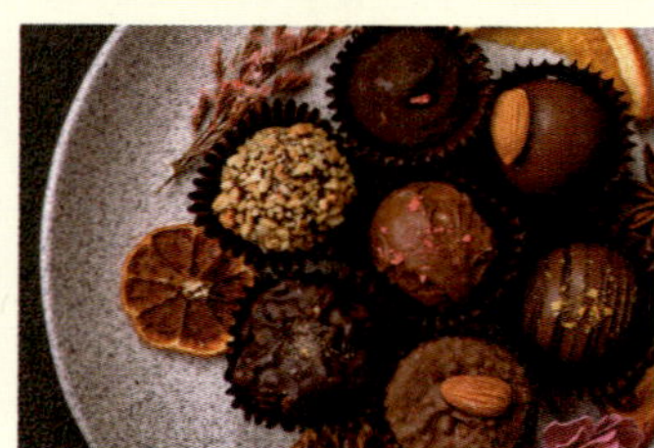
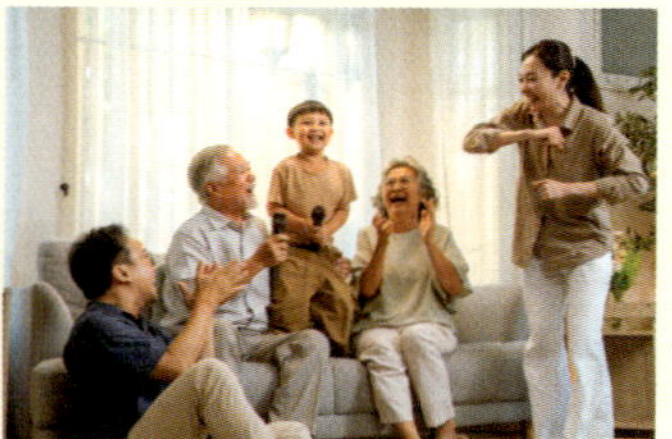



☑ 식목　　☑ 성년　　☑ 현충일　　☑ 기념일

☑ 종교　　☑ 짜장면

# 1. 한국의 기념일

한국의 기념일이란 한국 정부가 제정, 주관하는 특정일을 기념하는 날을 말한다. 이 때문에 이 날은 정부가 주관하여 전국적 또는 지역적 규모의 의식과 행사 등이 진행된다. '여성의 날', '인구의 날'과 같이 국제 기념일과 날짜를 맞춰 진행하는 경우도 있으며, 종교 기념일이나 '어린이날' 등 공휴일로 지정된 날도 있다.

| 기념일 | 날짜 | 내용 |
| --- | --- | --- |
| 식목일 | 4/5 | 나무를 심는 날이다. 2005년까지 공휴일이었으나 2006년부터 공휴일에서 제외되었다. |
| 근로자의 날 | 5/1 | 일하는 사람(직장인)을 위한 날이다. 대부분의 회사나 학교가 쉰다. |
| 어린이날 | 5/5 | 어린이들이 바르고 씩씩하게 자라기를 바라는 날이며, 공휴일로 지정되어 있다. |
| 어버이날 | 5/8 | 부모님을 위한 날이다. 부모님께 카네이션 꽃을 선물하기도 한다. |
| 스승의 날 | 5/15 | 스승(선생님)의 은혜에 보답하는 날이다. 날짜는 세종 대왕의 생일(5월 15일)에서 유래되었다. |
| 성년의 날 | 5월 | 19세가 된 성인들을 축하하고, 성인으로서의 책임감을 깨닫게 하기 위해서 지정한 날이다(5월 셋째 주 월요일). |
| 한글날 | 10/9 | 한글의 우수성을 알리고, 한글을 만든 것을 기념하는 날이다. |

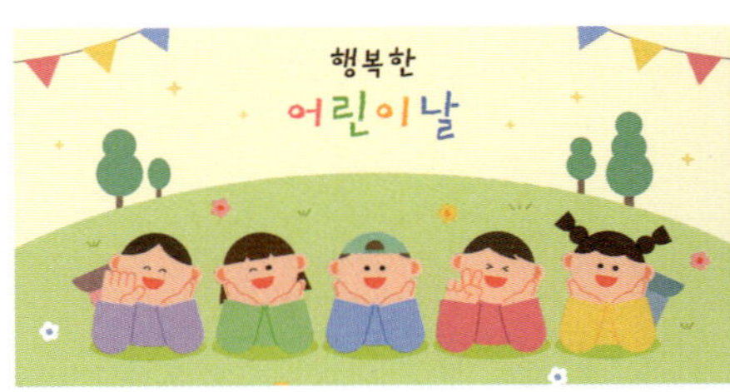


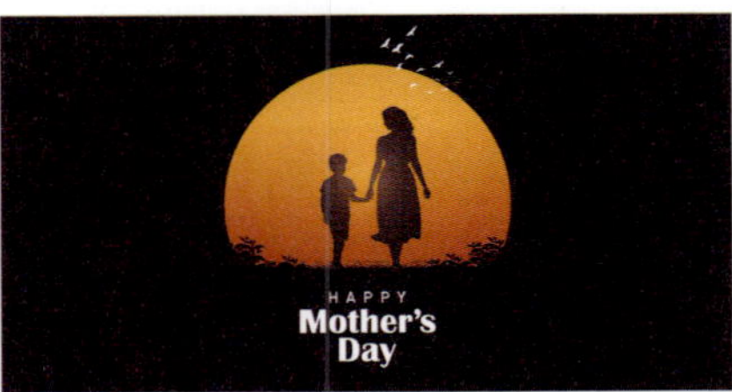


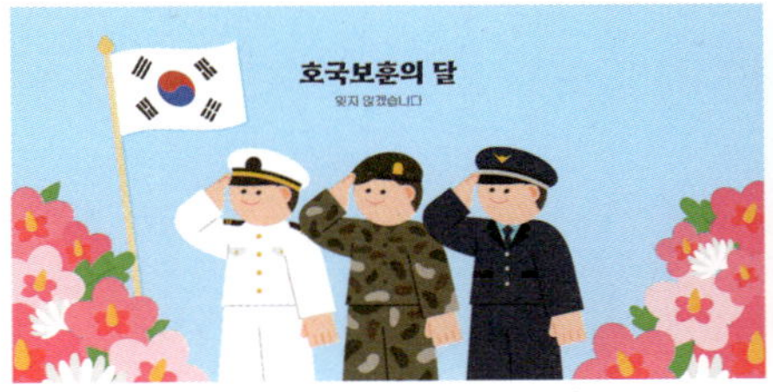


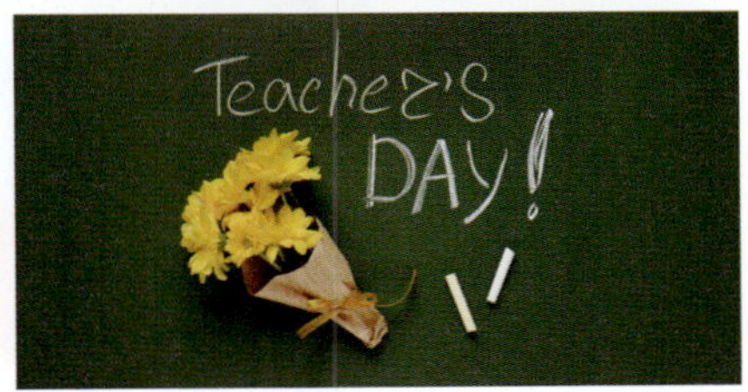

## 2. 종교 기념일

불교에서는 석가모니(부처님)의 탄생을 기념하기 위해 지정한 '부처님 오신 날'을 기리는데, 날짜는 음력 4월 8일이다. 음력이기 때문에 해마다 양력 날짜가 달라진다. 기독교에서도 예수 그리스도의 탄생을 기념하는 '성탄절'이 있다. 흔히 '크리스마스'로 불리는 이 날은 12월 25일이다. 한국에서는 부처님 오신 날과 크리스마스 모두 공휴일로 지정되어 있다.

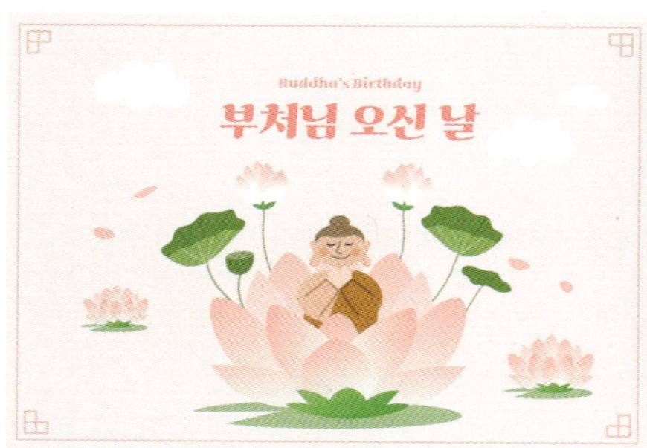


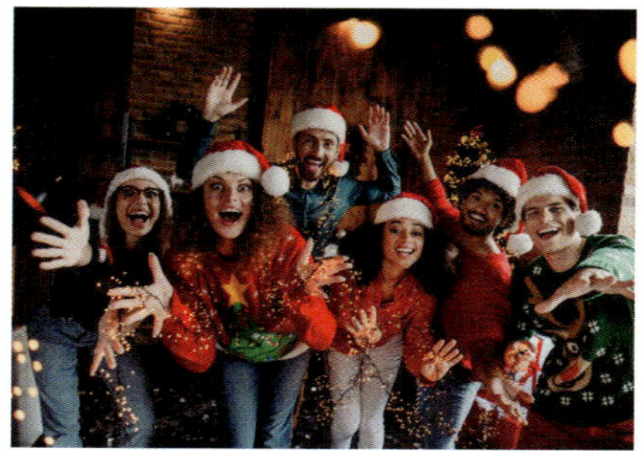

## 3. 그 밖의 기념일

국가에서 정한 기념일은 아니지만 사람들과 선물을 주고받거나 특별한 행사를 하는 기념일도 있다. 한국뿐만 아니라 전 세계적으로도 알려진 '밸런타인데이', '핼러윈' 등이 있으며, '빼빼로 데이', '삼겹살 데이' 등 상업적인 목적에서 만들어진 기념일도 있다.

| 기념일 | 날짜 | 내용 |
| --- | --- | --- |
| 밸런타인데이 | 2/14 | 한국에서는 여자가 좋아하는 남자에게 초콜릿을 주는 날로 알려져 있다. |
| 화이트 데이 | 3/14 | 밸런타인데이와는 반대로 남자가 좋아하는 여자에게 사탕을 주는 날로 알려져 있다. |
| 블랙 데이 | 4/14 | 연인이 없는 사람들을 위로하기 위한 날이다. 2000년대 초반부터 밸런타인데이나 화이트 데이에 선물을 받지 못한 솔로들이 짜장면을 먹으며 자신들의 슬픔을 달래고 위로하는 의미를 담고 있다. |

| | |
|---|---|
| **경사** | 축하할 만한 기쁜 일 |
| **국경일** | 나라의 경사를 기념하기 위해 법으로 정하여 축하하는 날 |
| **기념일** | 특별한 일이 있을 때, 해마다 그 일이 있었던 날을 잊지 않고 떠올리는 날 |
| **독립** | 타인·타국가 등에 의해 지배되거나 종속적인 입장에 있던 상태에서 벗어나 하나의 주체로서 성립하는 것 |
| **제헌** | 헌법을 만들어 정함. |
| **광복** | 영예롭게 회복한다는 뜻으로 빼앗긴 주권을 도로 찾음. |
| **우수성** | 여럿 가운데 뛰어난 특성 |
| **스승** | 자기를 가르쳐서 인도하는 사람으로 교사나 선생을 높여 부르는 말 |
| **어버이** | 어머니와 아버지를 아울러 이르는 말 |
| **현충일** | 나라를 위하여 목숨을 바친 군인과 경찰 등을 기리기 위해 정한 기념일 |
| **식목** | 나무를 심음. 또는 그 나무 |
| **성년** | 민법에서, 법정 대리인의 동의 없이 법률 행위를 행사할 수 있는 나이. 만 19세 이상이다. |
| **짜장면** | 볶은 춘장과 양파 등 야채, 돼지고기 등의 재료를 다시 식용유에 볶아 면에 비벼 먹는 한국식 중화 요리 |

### 풀어 봅시다

**1. 다음 글에서 설명하고 있는 것을 쓰시오.**

> 이 날은 '빛을 되찾은 날'이라는 뜻으로 1945년 8월 15일, 한국이 일본으로부터 독립한 것을 기념하는 날이다.

**2. 다음 기념일에 대한 설명 중 잘못된 것을 고르시오.**

① 식목일: 나무를 많이 심고 가꾸는 날

② 현충일: 나라를 위해 희생한 사람들을 추모하는 날

③ 삼일절: 한국의 독립 의사를 세계에 알린 것을 기념하는 날

④ 제헌절: '하늘이 열린 날'이라는 의미로 '단군'을 기념하는 날

**3. 여러분 나라에는 어떤 기념일이 있습니까? 그 기념일의 의미와 하는 일에 대해 이야기해 봅시다.**

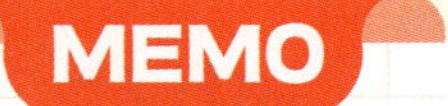

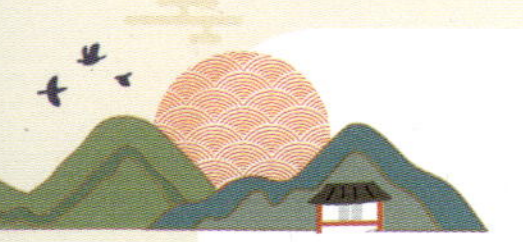

# 제11강

# 한국인의 일생

**11-1** 출생과 성장



1. 한국인들의 출생과 성장에 따른 통과 의례를 이해할 수 있다.

2. 백일과 돌에 대해 알고, 이를 다른 사람에게 설명할 수 있다.

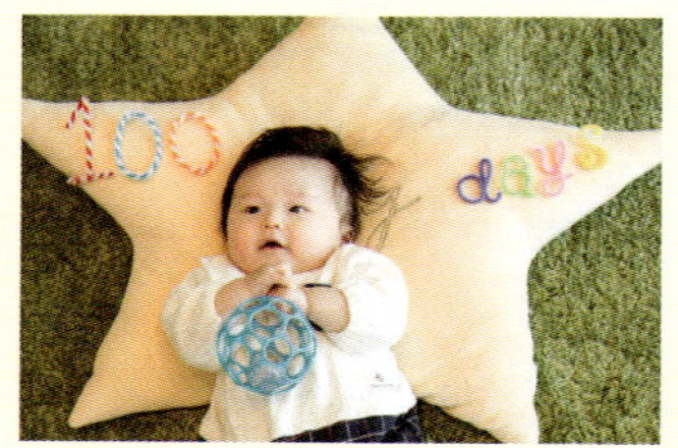
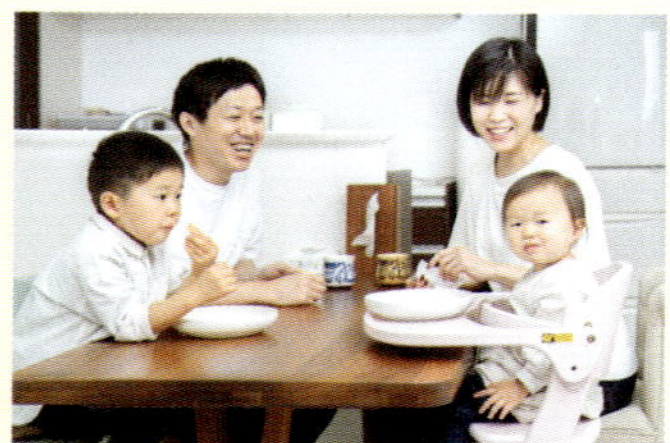
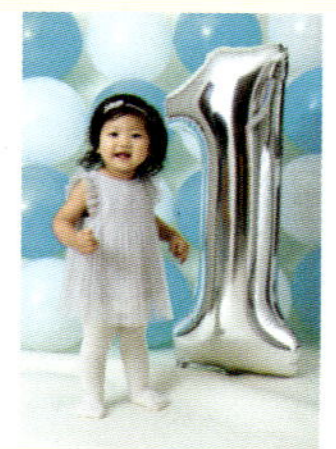
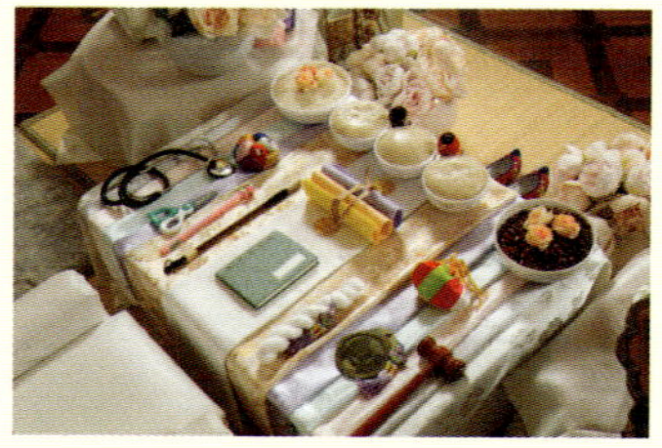



- ✔ 출생
- ✔ 성장
- ✔ 죽음
- ✔ 통과 의례
- ✔ 백일
- ✔ 돌
- ✔ 돌잡이
- ✔ 학문
- ✔ 자손

동일한 문화에서 사람들은 오랜 기간 일정한 과정을 통과하기 위한 공통의 의례를 따라왔다. 통과 의례는 한 사람의 출생으로부터 성장, 죽음에 이르는 모든 과정에 나타난다. 이러한 통과 의례는 어느 사회에나 있지만 의례나 절차 등은 차이가 있다.

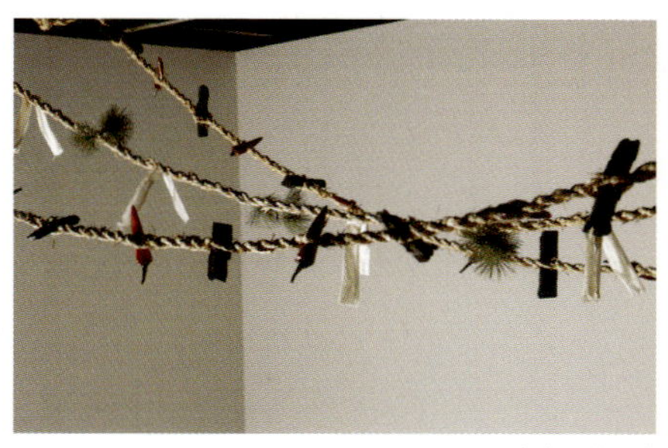
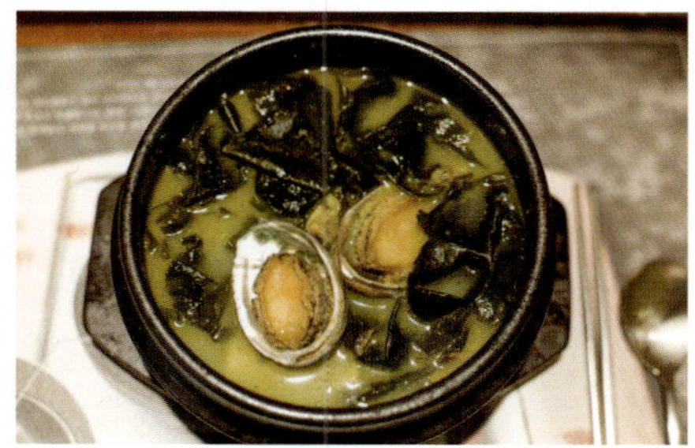

국립민속박물관

한국에서는 아기가 태어나면 대문에 왼새끼줄의 금줄을 쳤다. 이 금줄은 아이의 탄생을 알리고 외부인의 출입을 금하는 의미가 있다. 면역 기능이 없는 아기를 보호하는 삶의 지혜를 볼 수 있는 풍습이었다.

아기가 태어나서 100일이 되면 백일잔치를 한다. 친척이나 이웃이 참석하여 건강하게 100일을 맞이한 아이를 축하한다. 아기에게 새 옷을 입히고 백일상을 차린다. 백일 떡은 백 사람과 나누어 먹어야 아기가 장수한다고 해서 여러 사람들에게 나누어 준다. 요즘은 기념사진을 찍고 떡을 돌리는 정도로 백일을 기념한다.

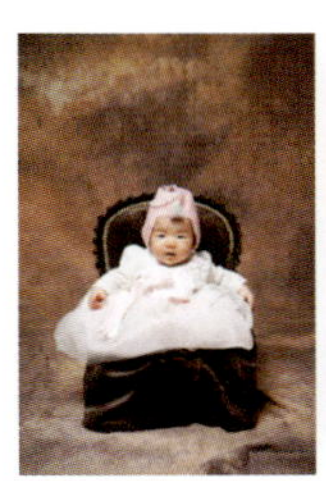
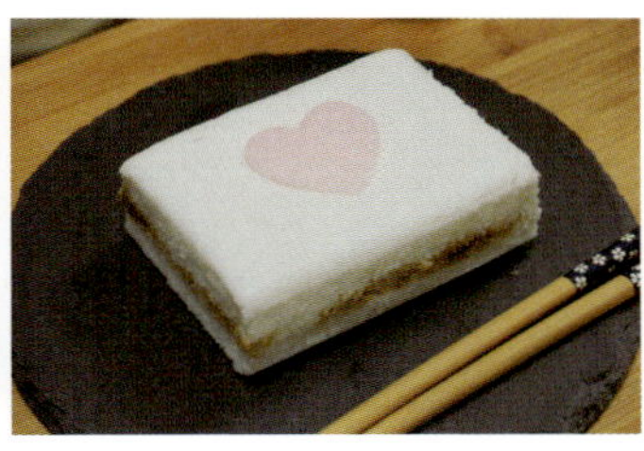
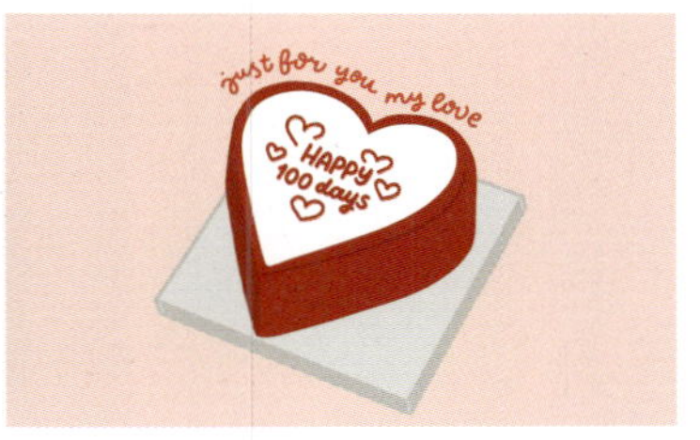

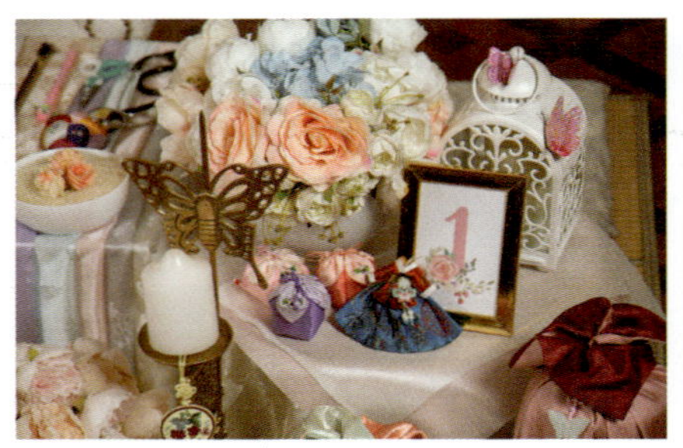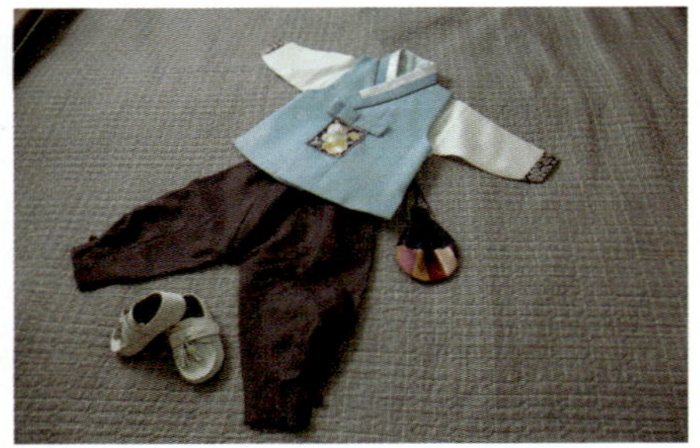

아이가 태어난 지 1년이 지나면 돌잔치를 한다. 특히 돌에는 백설기, 수수팥떡, 송편과 국수, 대추와 다양한 과일로 상을 준비한다. 백설기는 깨끗하고 순수한 정신을, 수수팥떡은 액운을 면함을, 송편은 식복, 대추와 다양한 과일은 자손의 번영을, 국수는 장수를 상징한다.

그리고 상 위에 다양한 물건을 두고 아이가 첫 번째 잡는 것으로 아이의 미래를 축복하기도 하는 돌잡이를 한다. 쌀이나 돈을 집으면 부자가 되고, 국수나 무명실을 잡으면 장수를, 책, 활, 화살, 붓 등은 학문을 상징한다. 요즘에는 인기 있는 직업을 상징하는 법봉(판·검사), 청진기(의사) 등을 올리기도 한다.

# 제11강

# 한국인의 일생

**11-2** 관혼상제

### 💡 학습 목표

1. 관혼상제에 대해 이해하고, 이를 다른 사람에게 설명할 수 있다.

2. 한국의 장례식 예절 및 조문 방법에 대해 알 수 있다.

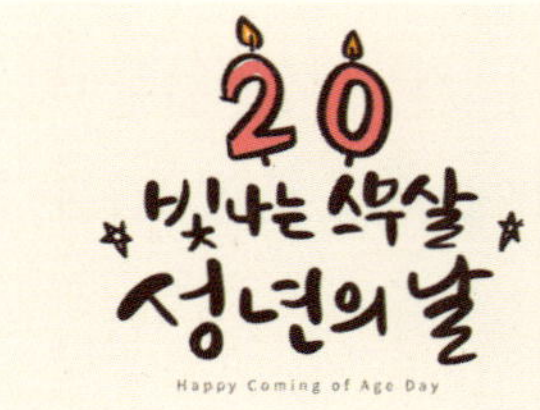


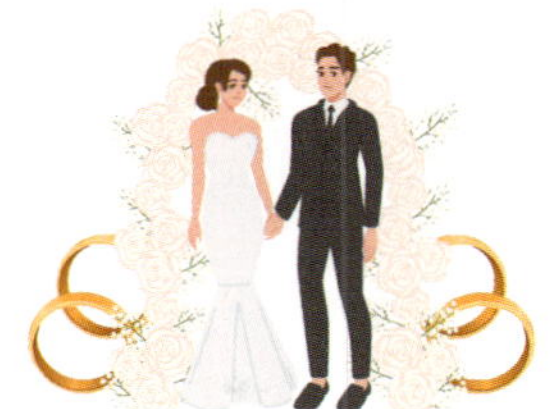

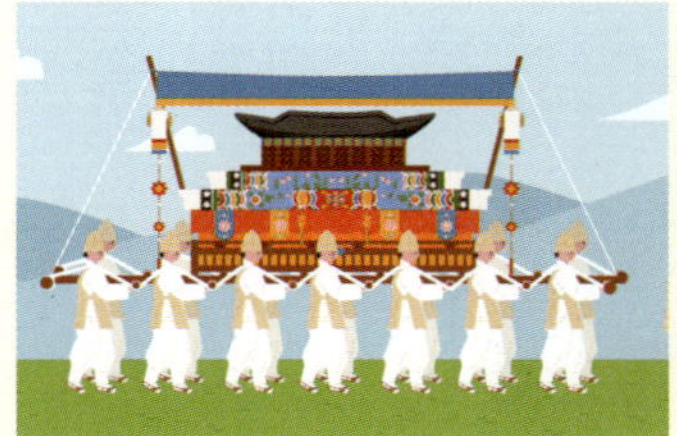

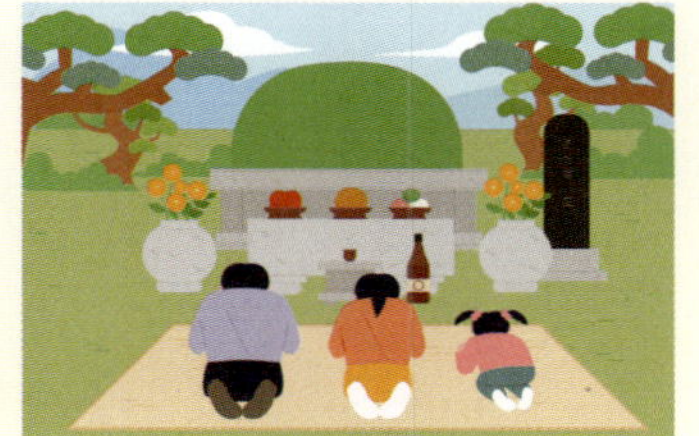

### 🎯 주요 단어

- ✅ 관혼상제
- ✅ 관례
- ✅ 혼례
- ✅ 상례
- ✅ 제례
- ✅ 성인식
- ✅ 효
- ✅ 장례식
- ✅ 결혼식
- ✅ 조문

　한국은 예로부터 유교의 영향으로 '사례(四禮)'라고 하여 네 가지 예법을 매우 중요하게 생각해 왔다. '사례'는 관례(성인식), 혼례(결혼식), 상례(장례식), 제례(제사)를 말하며 줄여서 '관혼상제'라고 부른다. 이러한 사례는 예법을 중시하는 왕실이나 양반의 집에서는 더욱 엄숙하고 복잡한 형식으로 진행되어 왔다.

## 1. 관례(계례)

　관례는 어른이 되기 위한 의식으로서 오늘날의 성년식(성인식)이다. 보통 15세 정도가 되면 관례(계례)를 하였는데, 남자는 댕기를 풀고 머리를 올려서 그 위에 갓을 썼고, 여자는 갓을 쓰는 대신 비녀를 꽂았다. 이러한 의식을 치러야만 어른으로서 인정을 받았다. 지금도 한국에서는 매년 5월 셋째 월요일을 '성년의 날'로 정하고 만 20세가 된 젊은이들을 위한 다양한 성인식 행사를 갖는다.

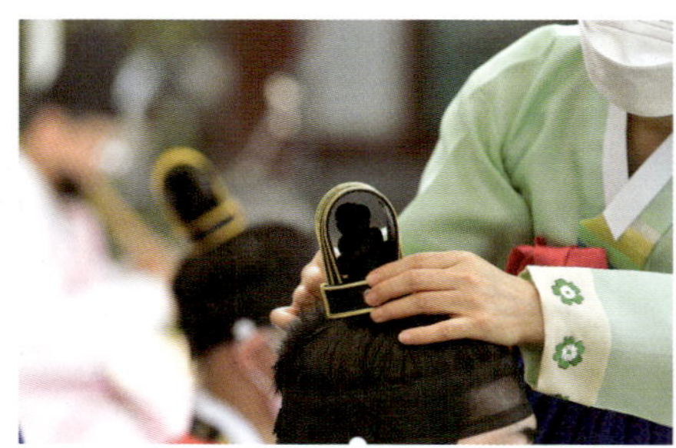
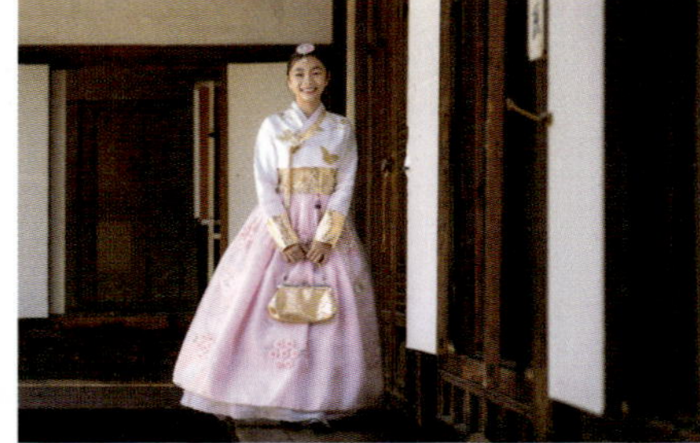

## 2. 제례

　제례는 돌아가신 조상을 모시는 방법과 절차이다. 효(孝)를 중요하게 생각하는 한국인은 조상이 돌아가신 날과 명절에 제례를 지냈다. 이날은 그 계절의 가장 좋은 음식을 제사상에 올리고 친척들이 한자리에 모여 제례를 지낸다. 제례를 지내는 일을 '제사'라고 하는데 제사에는 '시제', '차례', '기제', '묘제' 등이 있다. 시제는 계절마다 지내는 제사로 오늘날에는 거의 없어졌으며, 차례는 설날이나 추석과 같은 명절에 지내는 제사이다. 기제는 조상이 돌아가신 날 지내는 제사로 보통 밤 12시부터 새벽 1시 사이에 지낸다. 그러나 요즘에는 각 지역에 흩어져 살고 있는 제사 참사자(參祀者)들을 위하여 해가 지고 나서 적당한 시간에 지내는 가정이 많다. 마지막으로 묘제는 조상의 묘에 가서 지내는 제사이다.

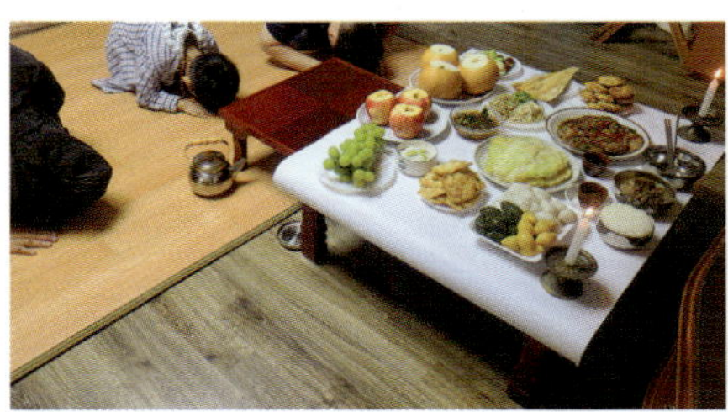
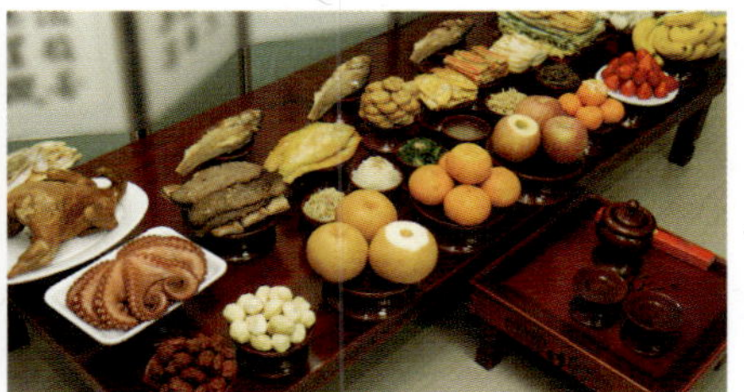

## 3. 혼례

　혼례는 크게 두 가지 의미로 나눌 수 있다. 하나는 결혼식만을 말하는 것이고, 또 하나는 두 집안의 혼담이 오가기 시작하면서 결혼과 관련된 모든 행위를 말한다. 전통 혼례와 오늘날의 결혼식은 많은 차이가 있지만 결혼의 절차에 있어서는 전통 혼례의 영향을 받은 것이 많다.

## 1) 전통 혼례

전통 혼례는 서로 결혼을 의논하는 '의혼', 신랑 집에서 신부 집으로 청혼을 하는 '납채', 마찬가지로 신랑 집에서 신부 집으로 예물을 보내는 '납폐', 결혼식을 치르는 '친영'의 순서로 진행된다. 그러나 실제로 하는 혼례에서는 절차를 생략하거나 간편하게 바꾸는 경우도 많았다. 또한 전통 혼례는 신부의 집에서 결혼식을 치렀으며, 전통 한복을 입고 결혼식을 하였다.

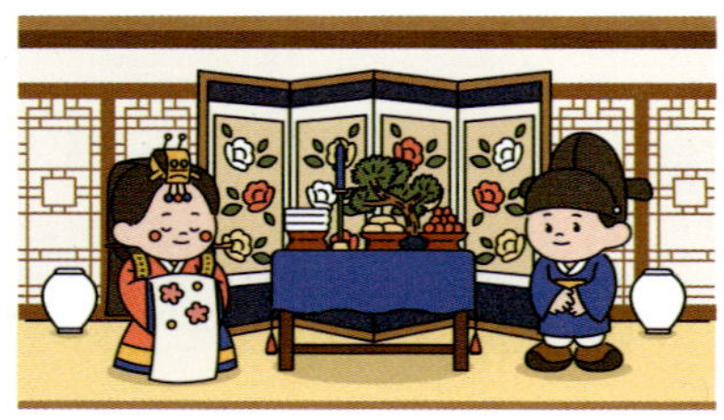
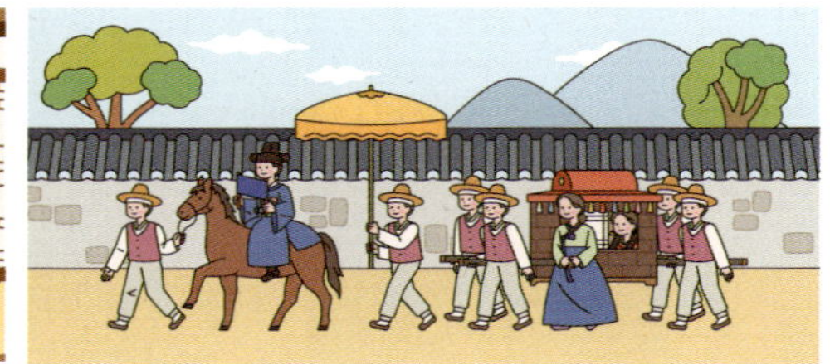

## 2) 현대의 결혼식

1950년대부터 새로운 방식의 결혼식이 유입되기 시작하였다. 이러한 결혼식은 전통 혼례보다 절차가 더욱더 간편하게 되었으며, 결혼식의 장소도 신부의 집에서 결혼식장으로 바뀌게 되었다.

결혼식에는 결혼식을 주관하는 '주례'와 결혼식을 진행하는 '사회자'가 있다. 보통 주례는 학창 시절의 선생님이나 직장의 상관이 맡는 것이 보통이지만 최근에는 주례 없이 진행하기도 한다. 또한 사회자는 신랑의 친구가 맡아서 하는 것이 보편적이다.

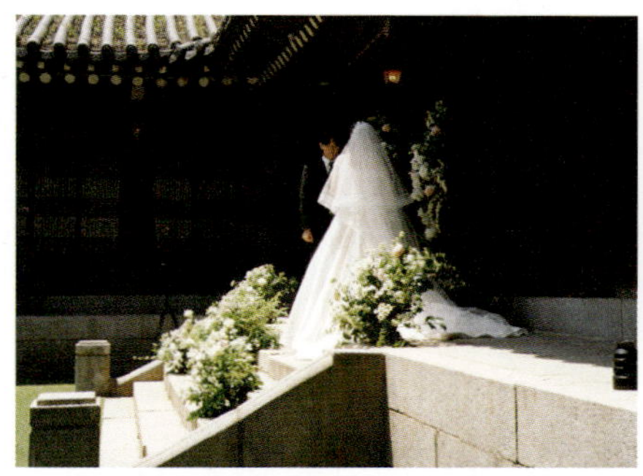
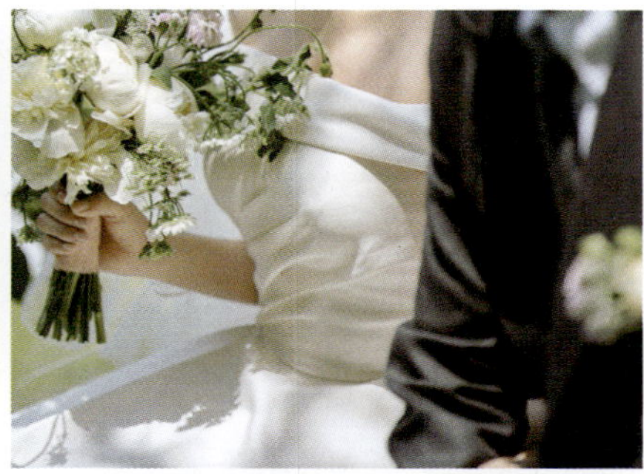
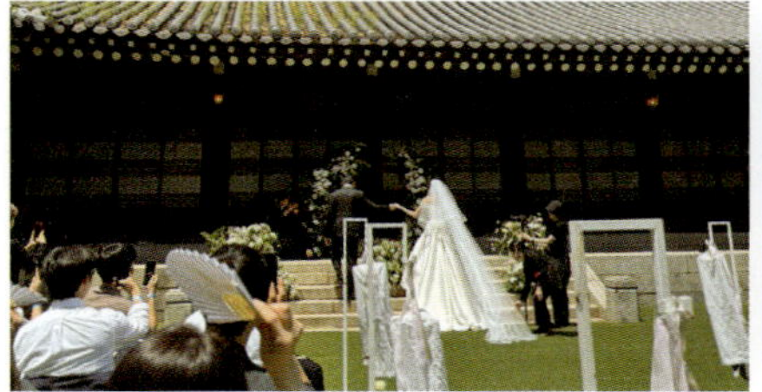
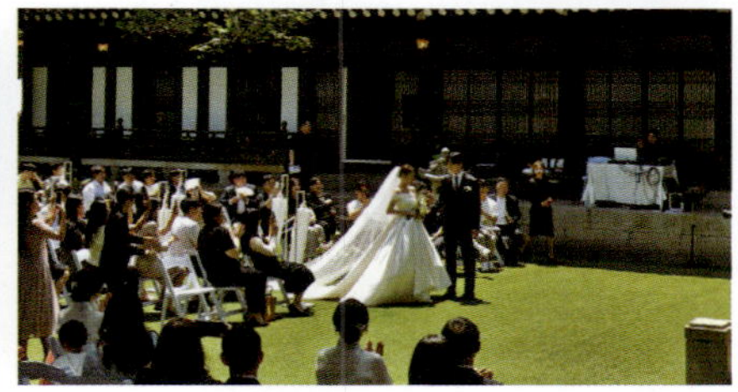

　　결혼식에 초대받은 손님은 결혼식장에 도착하여 '축의금'을 낸다. 축의금은 '김영란법'이라고 하는 〈부정 청탁 및 금품 등 수수의 금지에 관한 법률〉로 제한하고 있는데 법 적용을 받는 공무원이나 학교 교직원, 언론인의 경우 최대 5만 원까지만 가능하다. 물론 이 법률에 적용받지 않는 일반인들의 경우 10만 원 이상도 가능하다. 결혼식에 참석할 때는 기본적으로 정장을 입는 것이 예의이며, 정장이 없다면 깔끔하게 보이는 옷을 입어도 된다. 다만, 신랑의 결혼 예복, 신부의 웨딩드레스를 돋보이게 하기 위하여 흰색이나 흰색 계열의 밝은 색 옷 등은 피하는 것이 좋다.

## 4. 상례(장례)

　　상례는 죽은 사람을 추모하는 예절로 사람이 죽은 뒤 치르는 의식을 말한다. 더 정확히는 부모, 승중(承重)의 조부모, 증조부모, 고조부모와 맏아들의 상사(喪事)에 관한 의례이다. 옛날 사람들은 사람이 죽으면 아주 사라지는 것이 아니라 본래 있던 하늘로 되돌아간다고 생각했기 때문에 상례를 중요하게 생각했다. 그래서 관혼상제 중에서 가장 복잡하고 엄숙한 의례이다.

시신을 처리하는 장례 방법으로는 크게 시신을 땅 위에 놓아두고 비바람에 자연적으로 소멸시키는 방법, 땅속에 묻거나 돌 등으로 덮는 방법, 불에 태우는 방법, 물속에 버리는 방법 등으로 나눌 수 있다. 일반적으로는 이것들을 각각 풍장(風葬)·매장(埋葬)·화장(火葬)·수장(水葬)이라고 부른다. 이러한 시신 처리 방법은 그 사회의 관습에 따라 다르며, 특히 종교에 따라 서로 각각 다르게 규정되어 있다. 한국에서는 일반적으로 매장을 선호해 왔으나 2000년 이후부터는 매장보다 화장을 더 선호하고 있는 추세이다.

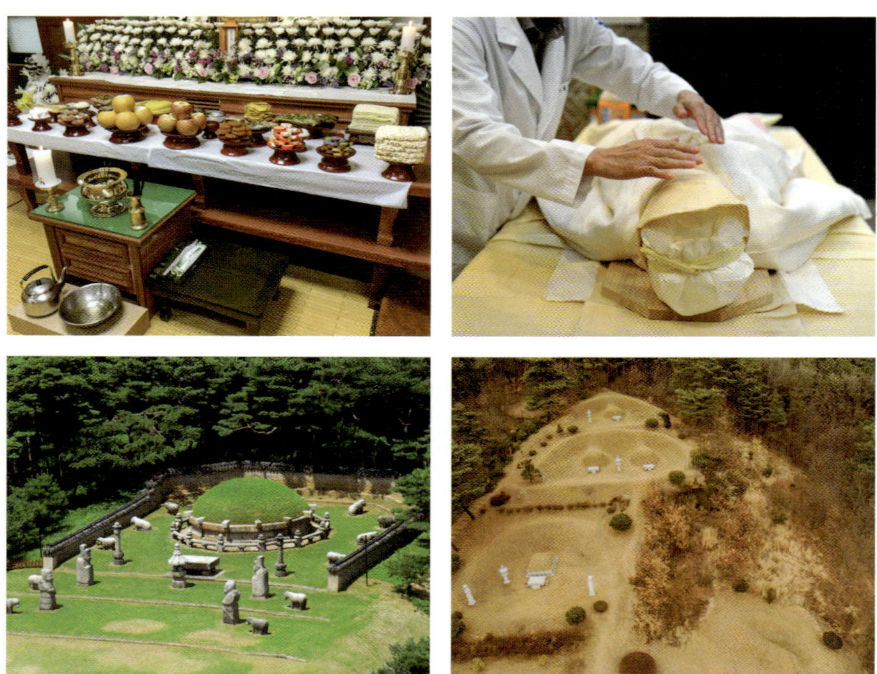

　　시신을 매장하려면 운반할 도구가 필요한데, 이때 사용한 것이 '상여'이다. 상여의 모양은 옛날 양반들이 타고 다니던 가마와 비슷한데 앞뒤가 더 길고 화려하다. 이는 살아 있을 때 미처 누리지 못했던 부귀영화를 저승으로 가는 마지막 길에 누릴 수 있기를 바라는 의미에서 최대한 화려하고 아름답게 꾸몄다. 또한 상여 앞에는 '요여(영여)'라는 작은 가마가 하나 더 있는데, 여기에는 혼백상자와 영정 등을 실어 영혼이 타고 간다고 생각했다.

　　옛날에는 신분에 따라서 장례 기간이 달랐다. 왕이나 왕비인 경우 5개월장(葬)을, 양반들은 벼슬에 따라 1개월장에서 3개월장을, 서민들은 7일장, 5일장, 3일장을 하였는데, 요즈음은 3일장이 일반적이다. 또한 무덤도 신분에 따라서 명칭이 달랐는데, 왕이나 왕비의 무덤을 '릉'이라 불렀고, 보통 사람들의 무덤은 '묘'라고 하였다.

## ※ 장례식 예절 및 조문 방법

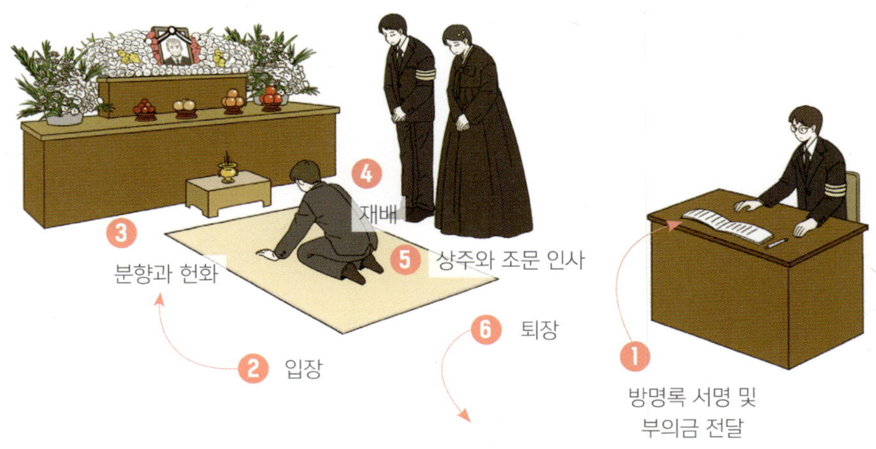

① 장례식장에 도착하면 먼저 조객록(방명록)에 이름을 적는다. 모자나 외투는 미리 벗어 두는 것이 좋다. 옷은 검은색이나 무채색으로 입는 것이 좋으며, 너무 화려하거나 노출이 심한 옷은 예의에 어긋난다. 휴대폰은 미리 끄거나 무음 모드로 하는 게 예의다.

② 빈소에 들어가서 상주와 목례를 한 후 분향 및 헌화를 한다. 향에 불을 붙인 후 왼손으로 부채질을 하여 끈다. 입으로 불어서 끄는 것은 예의에 어긋난다. 종교에 따라서 분향을 하지 않고 국화꽃을 영정 앞에 헌화하기도 한다.

③ 뒤로 한걸음 물러서서 묵념을 하거나 절을 두 번 한다.

④ 다음으로 상주와 맞절을 한다. 이때 절은 한 번만 한다. 맞절을 한 후 상주에게 위로의 인사말을 건네는데, 대화는 짧게 하는 것이 좋으며 사망한 원인이나 이유를 묻는 것은 예의가 아니다.

⑤ 빈소에서 나올 때는 두세 걸음 정도 뒷걸음으로 나오다가 몸을 돌려서 나오는 것이 예의이다.

⑥ 부의금(조의금)을 내고 식사를 한다. 이때 술을 마실 수는 있으나 잔을 부딪치며 건배를 하는 것은 실례다.

| | |
|---|---|
| **통과 의례** | 성장 과정과 함께 행하여지는 인생 의례 |
| **관혼상제** | 관례, 혼례, 상례, 제례를 이르는 말 |
| **제례** | 제사 지낼 때의 예절로, 조상 숭배 의례의 하나 |
| **성인식** | 성인이 되었음을 축하하는 의식. 요즘은 만 스무 살이 되면 5월 셋째 주 월요일인 '성년의 날'에 여러 가지 행사를 함. |
| **제사** | 돌아가신 분의 넋에게 음식을 바쳐 정성을 나타내는 의식 |
| **효** | 부모에 대한 공경을 바탕으로 한 자녀의 행위 |
| **조문** | 돌아가신 분과 평소에 교분이 있거나 상제들과 친분이 있는 사람이 상가를 찾아 죽음을 애도하고 상제들을 위로하는 예절 |
| **분향** | 제사나 예불(禮佛) 의식 따위에서, 향로에 불을 붙인 향을 넣고 향기로운 연기를 피우는 일 |
| **헌화** | 주로 신전이나 영전에 꽃을 바침. 또는 그 꽃 |

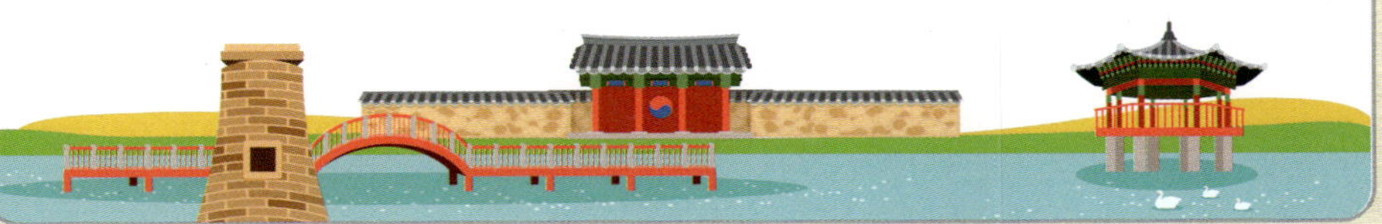

## 풀어 봅시다

1. 빈칸에 들어갈 알맞은 단어를 쓰십시오.

    (1) (　　　　　)은/는 성인이 되기 위한 의식으로서 오늘날의 성년식(성
    인식)이다.

    (2) (　　　　　)은/는 죽은 사람을 추모하는 예절이라는 의미로 사람이
    죽은 뒤 치르는 의식을 말한다.

    (3) 장례식장에 갈 때는 (　　　　　)이나 무채색으로 입는 것이 좋다.


2. 백일 떡을 여러 사람들에게 나누어 주는 이유는 무엇입니까?


3. 한국의 전통 혼례와 현대 결혼식의 다른 점은 무엇입니까?


4. 여러분 나라의 통과 의례에 대해 이야기해 봅시다.

MEMO

# 한국인의 생활

**12-1** 한국인의 연애

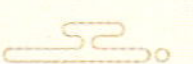
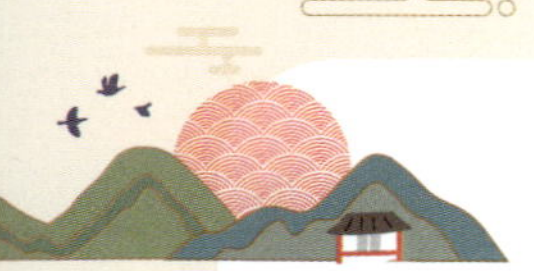

## 학습 목표

1. 한국인의 결혼관에 대해 이해할 수 있다.

2. 과거와 달라진 한국인의 연애에 대해 알 수 있다.

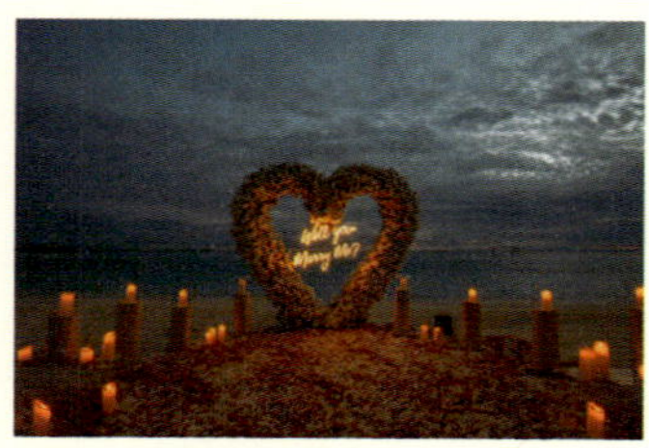
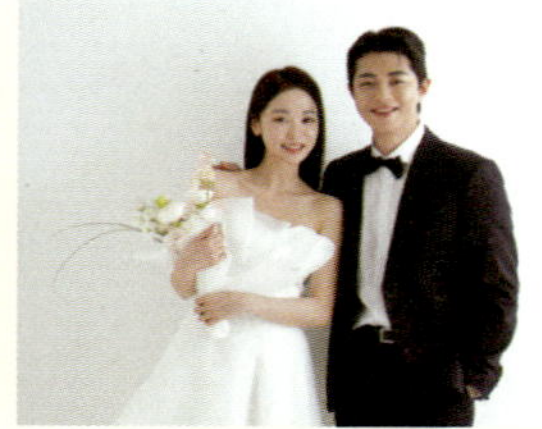
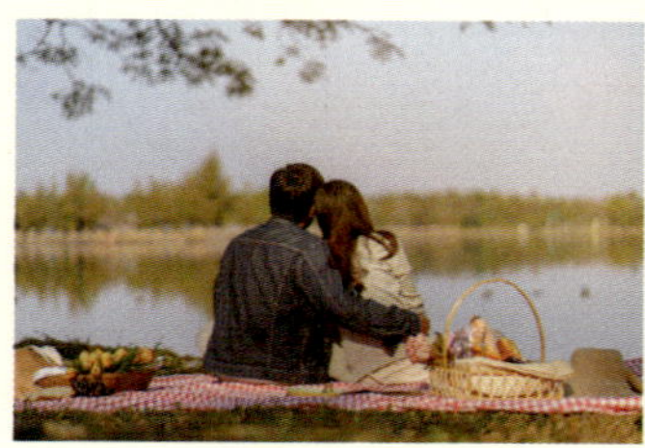
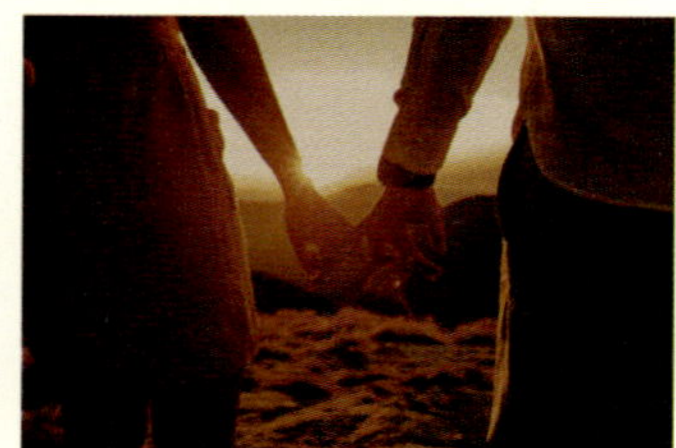

## 주요 단어

☑ 연애　　☑ 배우자　　☑ 독신　　☑ 딩크족

☑ 가치관　　☑ 가정 환경　　☑ 연애관　　☑ 결혼관

☑ 미혼 남녀

한국의 전통 사회에서 남녀의 구별은 엄격하였다. 따라서 연애결혼을 하기는 힘들었다. 부모가 정해 준 사람을 만나 결혼하였으며, 배우자의 얼굴도 모른 채 결혼하는 경우도 많았다. 요즘은 과거의 중매결혼처럼 혼인을 주선하는 결혼 정보 회사도 있다. 하지만 결혼에서 가장 많은 비중을 차지하는 것은 연애결혼이다.

오늘날 한국 젊은이들의 연애관과 결혼관은 매우 개방적이고 현실적이다. 인터넷을 통한 정보 공유와 개인의 국제적 활동 등 여러 이유로 결혼이나 연애에 대한 생각이 서구화되고 있다. 과거에는 남성이 연애를 주도하였으나 최근에는 남녀 모두 이성과의 만남에 매우 적극적이다. 다양한 연애 경험이 성공적인 결혼에 도움이 된다고 생각하는 사람들도 많다. 이런 저런 이유로 쉽게 만나고 쉽게 헤어지기도 하지만 더 신중하게 연애 상대자를 선택하기도 한다.

일반적으로 한국의 남성은 자신보다 어린 여성을 선호하지만 요즘에는 연상의 여성을 만나는 사람도 많다. 이런 연상 연하 커플은 나이의 차이가 많이 나기도 한다. 또한 최근에는 국제화에 따라 외국어를 할 수 있는 사람이 늘어나고 타 문화에 대한 이해가 넓어지면서 외국인을 만나는 사람들도 많아졌다. 이는 한국 사회를 다문화 사회로 이끌고 있으며, 다문화 사회에 대한 한국인의 시각도 긍정적으로 바뀌고 있다.

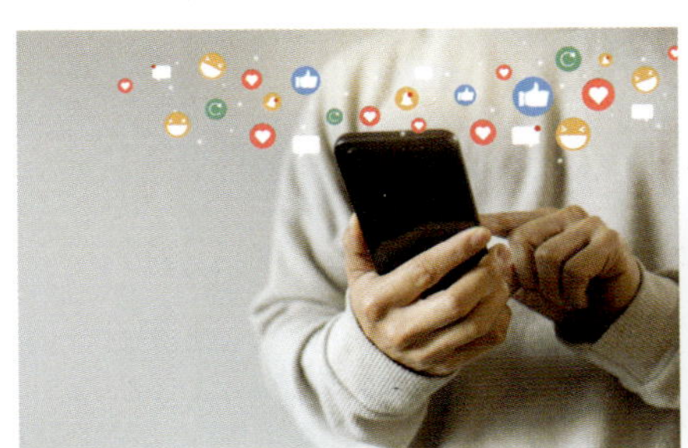

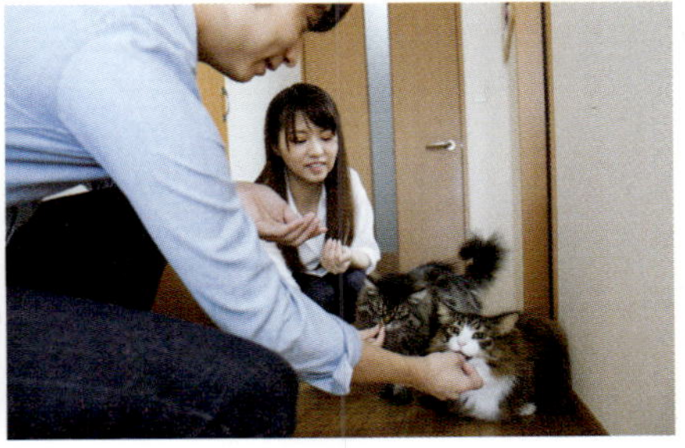

한편 남녀의 결혼 계획 평균 연령은 점점 늦어지고 있다. 또한 독신자들과 결혼 후에도 아이를 낳지 않는 딩크족들도 점점 많아지고 있다. 과거에는 인생에서 결혼과 자녀가 필수였다면 최근에는 선택이라고 생각하는 사람들이 많아졌다는 것을 알 수 있다. 따라서 결혼과 연애를 분리하는 사람들이 늘고 있다.

과거에 비해 연애와 결혼에 대한 한국인의 의식 구조가 크게 바뀌었음을 알 수 있다. 시대가 변하면서 개인의 행복을 중시하는 자유로운 연애관에 더욱 관심을 보이게 되었다. 여성의 경제적 지위가 향상될수록 이러한 경향은 더욱 늘어날 것이다.

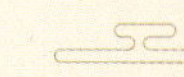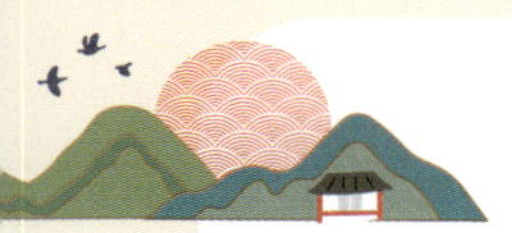

# 제12강

# 한국인의 생활

**12-2** 선호하는 직업

## 학습 목표

1. 한국인이 선호하는 직업에 대해 알 수 있다.

2. 삶의 변화에 따른 직업관을 이해할 수 있다.

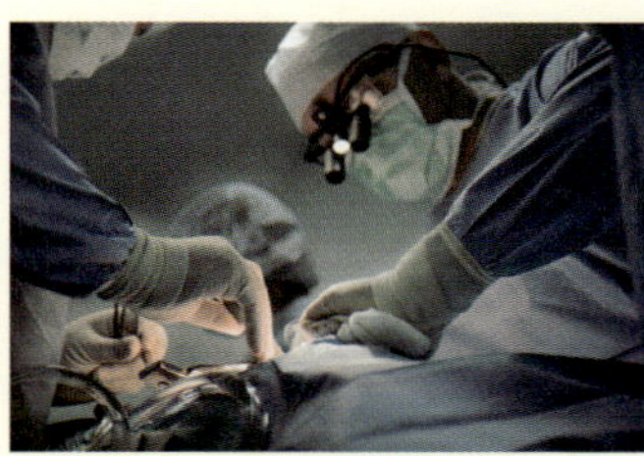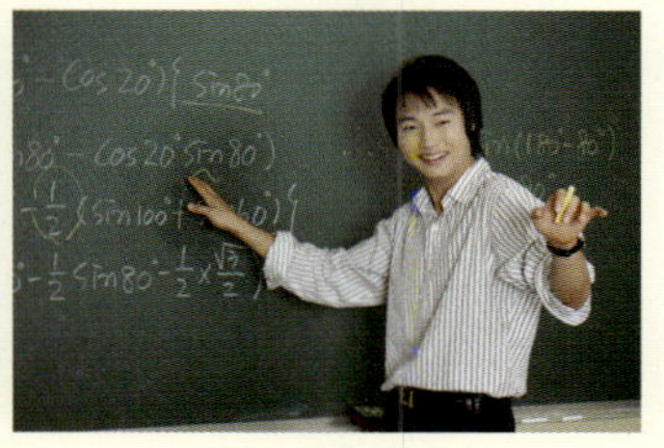
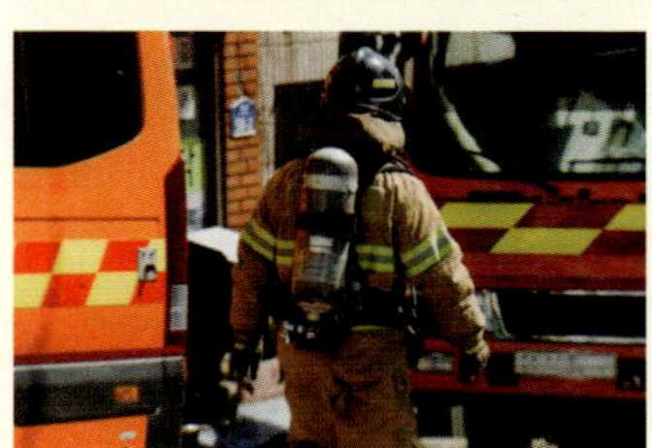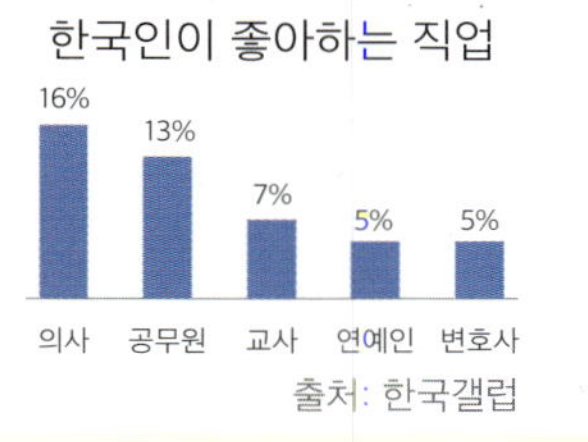


## 주요 단어

- ☑ 정규직
- ☑ 비정규직
- ☑ 취업
- ☑ 아르바이트
- ☑ 연봉
- ☑ 복지
- ☑ 공무원
- ☑ 자영업
- ☑ 전업주부
- ☑ 맞벌이

　최근 전국 만 13세 이상 남녀 17,777명을 대상으로 한국인이 가장 선호하는 직업에 대한 조사를 실시하였다. 한국인 가장 선호하는 직업으로 '의사'가 16%로 1위를 차지했다. 이어서 '공무원' 13%, '교사' 7%, '연예인'과 '변호사'가 각각 5.3%, 5.2%로 그 뒤를 이었다. 10위 안에 있는 또 다른 직업으로는 자영업자(3.6%), 대학교수(3.4%), 사업가(3.2%), 회사원(2.6%), 엔지니어(2.3%), 약사(2.3%)가 있었다.

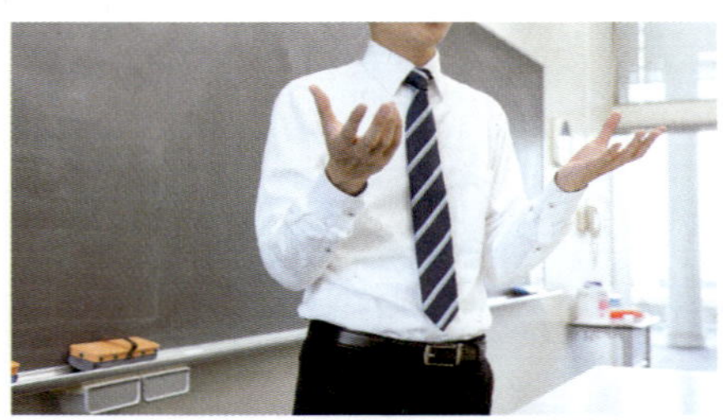
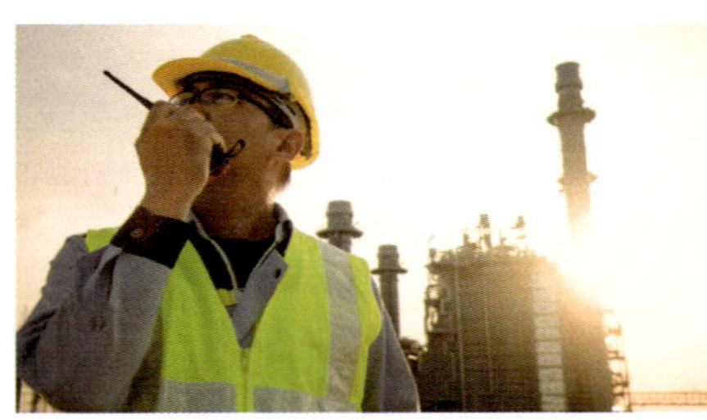
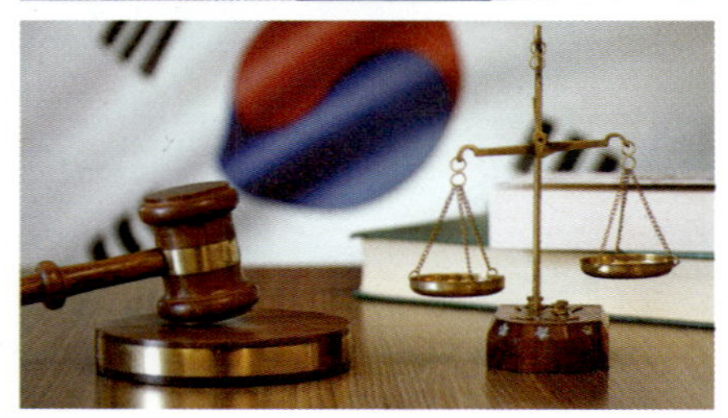
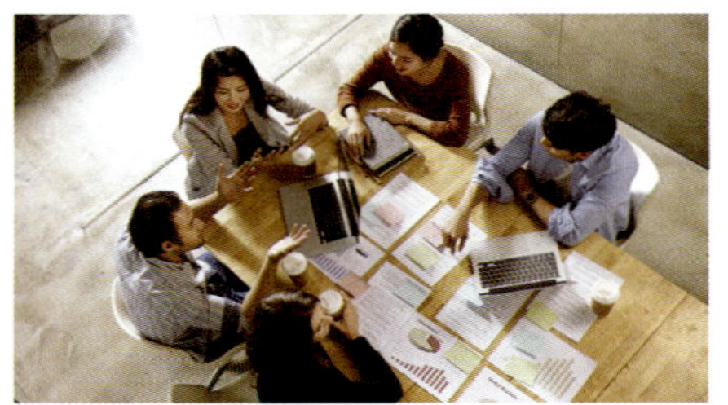

　전문성, 고소득, 사회적 신뢰도 등 복합적 요소가 긍정적으로 작용하여 의사는 다양한 연령층에서 선호하는 직업으로 조사되었다. 공무원은 연령이 높을수록, 교사는 남성보다 여성이 더 선호하는 직업으로 나타났다.

　한편, 10대와 20대가 선호하는 직업에는 다른 연령대와는 달리 유튜버가 포함됐다. 디지털 기기 노출이 잦아진 영향으로 영상 콘텐츠로 수익을 올리는 경우가 늘면서 10대와 20대의 장래 희망에도 영향을 끼치고 있다.

　이러한 통계를 보면 불안정한 한국 사회에서 경제적으로 안정된 고정직을 선호하는 사람들이 많다는 것을 알 수 있다. 하지만 실제로 대학을 졸업하고 나서 정규직에 취직하지 않고 아르바이트로 돈을 벌면서 생활하는 사람들도 늘고 있다. 직장의 틀에서 벗어나 자유롭게 살아가고자 선택한 사람들도 있고 취업이 어려워서 아르바이트를 하며 살아가는 사람들도 있다.

최근 직장을 선택하는 기준도 연봉 이외에 휴가나 사원 복지를 중요하게 생각하는 사람들도 있으며 '재미'를 중요하게 사람들도 있다.

따라서 이러한 변화는 새로운 기업의 등장을 예고한다. 출퇴근 시간과 같은 회사 규정보다는 사원들의 발전과 자유 시간을 중요하게 생각하는 기업이다. 최근 주 4.5일 근무 제도, 직급 체계도 변경 등 다양한 복지를 위해 노력하는 회사들도 나타나고 있다.

또한 한국인의 직업관은 일 중심에서 가족 중심이나 여가 중심으로 달라졌다. 주 5일제 근무는 이러한 의식을 반영하고 있으며 여성의 취업도 늘고 있다. 과거 현모양처, 전업주부가 좋다는 말은 옛말이 되었다. 결혼 후에도 일하기를 원하는 사람들이 많기 때문이다. 또한 경제력과 상관없이 은퇴 후에도 노년에 일자리를 찾는 사람들도 많다.

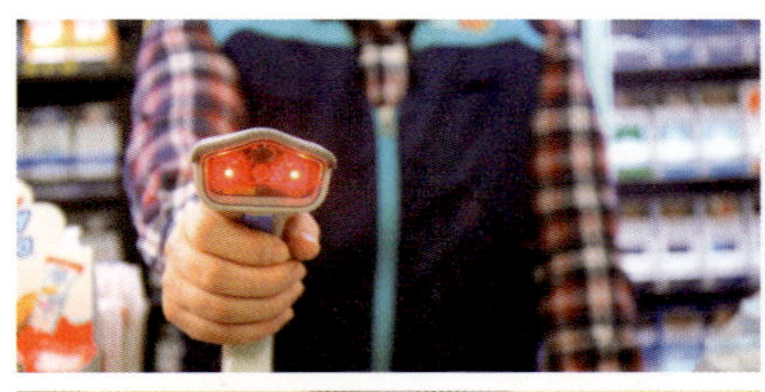
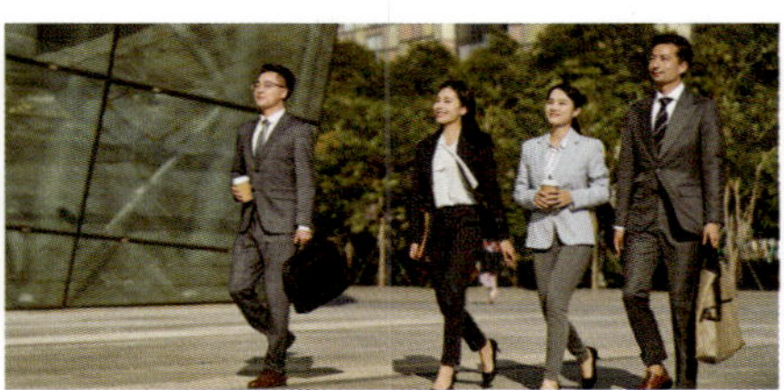
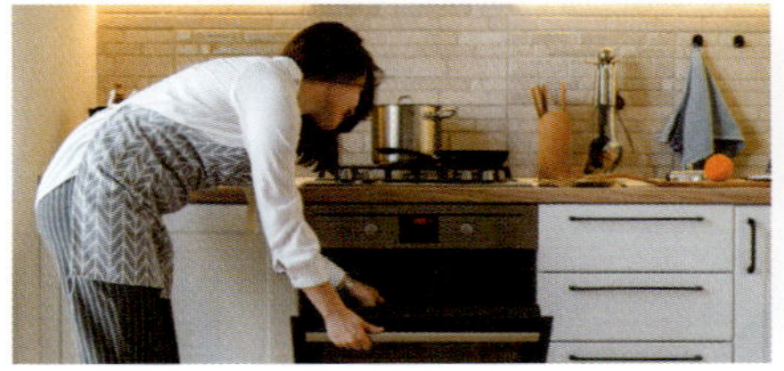
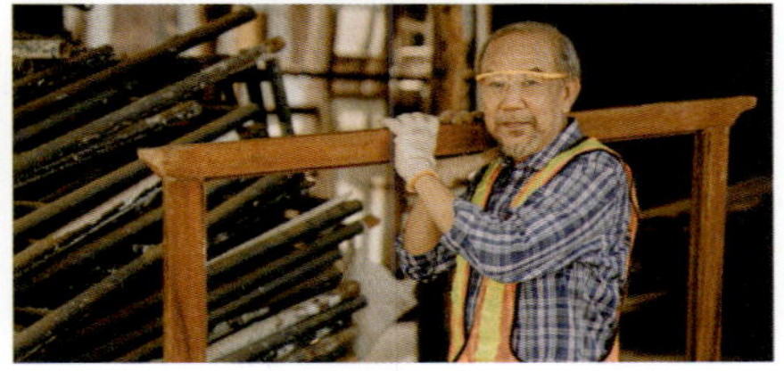

| | |
|---|---|
| **맞벌이** | 부부가 모두 직업을 가지고 돈을 범. |
| **연상 연하** | 서로 연인 사이인 두 남녀 중에서 여성이 남성보다 나이가 많은 경우 |
| **독신** | 결혼을 하지 않고 혼자 살아가는 사람 |
| **딩크족** | 결혼 후 의도적으로 자녀를 두지 않는 맞벌이 부부 |
| **신뢰도** | 믿고 의지할 수 있는 정도 |
| **장래 희망** | 앞으로 하고 싶은 일이나 직업에 대한 희망 |
| **정규직** | 기간을 정하지 않고 정년까지의 고용이 보장되며 전일제로 일하는 직위나 직무 |
| **비정규직** | 근로 방식 및 기간, 고용의 지속성 등에서 정규직과 달리 보장을 받지 못하는 직위나 직무(계약직, 임시직, 일용직 등) |
| **현모양처** | 인자하고 어진 어머니이자 착하고 좋은 아내 |
| **전업주부** | 다른 일을 하지 않고 집안일만 전문으로 하는 주부 |
| **은퇴** | 하던 일을 그만두거나 사회 활동에서 손을 떼고 한가히 지냄. |

### 풀어 봅시다

1. 한국 젊은이들의 연애관과 여러분 나라 젊은이들의 연애관은 어떤 차이가 있는지 이야기해 봅시다.

2. 한국인은 어떤 직업을 선호합니까?

3. 여러분 나라의 사람들은 어떤 직업을 선호합니까?

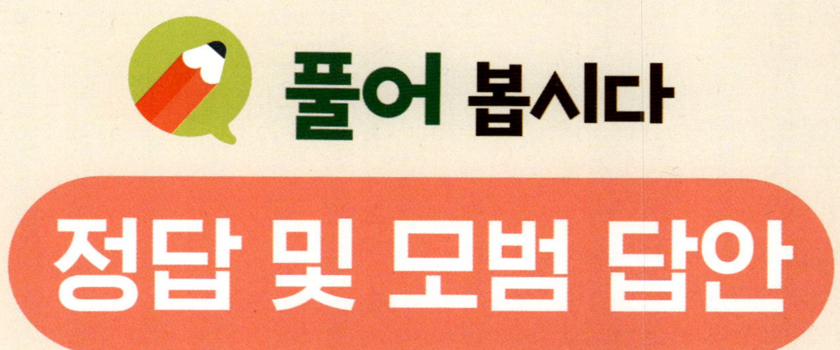
풀어 봅시다
정답 및 모범 답안

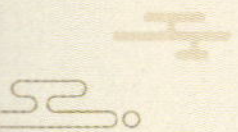  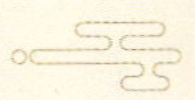

# 풀어 봅시다 정답 및 모범 답안

## 제1강

**1.** (모범 답안)

서울은 한국의 수도로 한국 전체 인구의 약 5분의 1이 모여 살고 있을 정도로 많은 사람들이 생활하는 한국 최고, 최대의 도시이다. 서울에는 한강이 동서로 흐르고 있는데, 이를 기준으로 남쪽의 강남 지역과 북쪽의 강북 지역으로 나뉘며, 이 두 지역은 모두 30여 개의 다리로 연결되어 있다. 조선의 건국과 함께 1394년부터 수도로 자리한 서울에는 경복궁, 창덕궁 같은 옛 궁궐과 한옥 마을이 있어서 전통문화를 볼 수 있다. 한국 대통령의 집무실, 국회, 그리고 여의도 금융가, 강남 등지의 로데오 거리 명소에서도 알 수 있듯이 서울은 한국의 정치, 경제, 문화, 교육의 중심지라고 말할 수 있으며 한류의 시작점이라고도 할 수 있다. 이러한 한국의 수도 서울과 여러분 나라의 수도는 어떤지 비교해서 설명해 보자.

**2.** (1) O
(2) O
(3) X

## 제2강

**1.** ①

**2.** ①

**3.** 비파형 동검

## 제3강

**1.** (1) 저고리, 치마
(2) 바지, 저고리, 조끼, 두루마기
(3) 오른

**2.** (모범 답안)

한복은 한국 전통 옷으로, 주로 특별한 행사나 명절, 결혼식 등에서 입는다. 한복은 한국 문화와 역사적인 아름다움을 대표하는 옷이고 간결하면서도 우아한 선과 색깔이 특징이다. 일반적으로 여자 한복은 저고리와 치마로 구성되며 남자 한복은 저고리와 바지로 구성된다. 현대에는 전통적인 형태를 유지하면서도 다양한 디자인과 색상으로 개량된 한복도 많이 입는다. 한복은 그 자체로 한국의 아름다움과 정서를 느낄 수 있는 옷으로 세계적으로도 그 독특한 아름다움이 인정받고 있다. 여러분의 나라에는 어떤 전통 옷이 있는지 한국의 한복과 비교해 보자.

**1.** 발효

**2.** (모범 답안)

김치는 배추나 무 등에 고춧가루, 마늘, 생강, 젓갈 등을 넣고 발효시킨 한국의 전통적인 반찬이다. 매운맛과 깊은 풍미가 특징이며, 발효 과정을 통해 유익한 유산균이 생성되어 건강에도 좋다. 한국에서는 거의 모든 식사와 함께 먹으며, 그 자체로도 김치찌개, 김치찜 등 다양한 요리의 재료로 활용된다. 김치는 세계적으로도 독특한 맛과 건강 효능 덕분에 많은 사람들에게 알려져 있다. 여러분의 나라의 대표적인 음식은 무엇인지 이야기해 보자.

**3.** (모범 답안)

한국 음식은 풍부한 발효 음식이 많고, 고추장, 된장, 간장 등을 사용하여 깊고 강한 양념이 특징이다. 밥을 중심으로 국, 찌개, 반찬이 함께 제공되어 여러 가지 맛을 즐길 수 있다. 신선한 채소, 해산물, 고기 등의 재료로 볶음, 찌개, 조림 등 다양한 조리법을 사용해 건강에도 좋다. 또한, 계절에 따라 변하는 재료와 음식을 중요시하며, 음식의 맛뿐만 아니라 색상과 모양에도 신경을 쓴다. 여러분의 나라의 음식과 한국 음식의 다른 점을 이야기해 보자.



**1.** ③

**2.** 온돌

**3.** (모범 답안)

한국의 한옥은 자연과 조화를 이루는 전통 주거 형태이고 목재, 돌, 흙, 한지 등 자연 재료를 사용해 지어진다. 기와지붕은 물의 흐름을 고려하여 경사가 지고, 바람과 햇볕을 고려한 창문과 문이 특징이다. 내부는 온돌 방바닥이 있어 겨울에 따뜻하고, 여름에는 시원하게 유지된다. 또한, 마당과 정원을 중심으로 자연과의 조화를 강조한 공간 설계가 돋보인다. 여러분 나라의 주거 형태와 한국의 한옥은 어떤 점이 비슷하고 다른지 이야기해 보자.



**1.** (모범 답안)

(1) 큰경례: 전통 예절의 큰절에 해당하는 정중한 인사법이다. 똑바로 선 자세에서 발뒤꿈치를 모으고 상대방의 가슴 부분에 시선을 집중한 뒤에 조용히 윗몸을 45도 정도 굽혀 잠시 있다가 바로 선다.
(2) 평경례: 전통 예절의 평절에 해당하는 인사법으로 윗몸을 30도 정도 구부려 인사를 한 뒤 바로 선다.
(3) 반경례: 전통 예절의 반절에 해당하는 인사법으로 윗몸을 15도 정도로 굽혀서 하는 인사이다.

⑷ 목례(目禮): 눈으로 예의를 표시하는 인사법이다. 상체를 굽히지 않고 가볍게 머리만 숙여서 예의를 표한다.

### 2.

한국인이 좋아하는 선물: 커피, 차, 과일, 인형, 술
한국인이 싫어하는 선물: 뱀, 지네, 전갈 등 혐오 식품, 과다 노출 의류

### 제7강

**1.** ③

**2.** ④

**3.** 트로트

### 제8강

**1.** 사투리 / 방언

**2.** ④

**3.** ③

**4. (모범 답안)**

한국에서는 젊은 세대를 중심으로 사전에 없는 새로운 표현이 많이 사용되고 있다. 예를 들어 "인싸"는 사람들과 잘 어울리는 사람을 의미하고, "짤"은 재미있는 사진이나 영상을 뜻한다. 또 "오늘 강의 느좋이었으요!"처럼 "느낌이 좋다"는 "느좋", 기대하지 않았던 부분에서 기대 이상의 행동이나 성과가 나왔을 때 놀라움과 칭찬을 담아 "감(이)다 살았다"는 의미의 "감다살" 등도 젊은 세대들이 사용하는 신조어다. 이처럼 여러분의 나라에서도 요즘 유행하고 있는 단어나 표현이 있다면 이야기해 보자.

### 제9강

**1. (모범 답안)**

2025년 기준으로 유네스코에 등록된 세계 유산은 모두 1,223점이다. 전 세계 168개국에 분포되어 있으며 이 가운데 문화유산은 952점, 자연유산 231점, 복합 유산 40점이다. 여러분 나라에 있는 세계 유산을 찾아보자. 한국의 세계 문화유산은 한국의 서원, 수원화성, 종묘 등 16점이고, 자연유산은 3점이다. 서로 비교하여 설명해 보자

**2. (모범 답안)**

문화유산은 기념물, 건축물, 유적, 도시 등 역사적으로, 예술적으로, 또 고고학적으로 가치를 지닌 인류의 창조물과 그 유산을 말하며, 자연유산은 뛰어난 자연 경관, 지질학적 특징, 보존해야 할 동식물 서식지와 같은 생태적 가치 등을 지닌 유산을 말한다. 복합 유산은 위의 문화유산과 자연유산의 특징을 동시에 충족하는 유산으로 문화적 가치와 자연적 가치가 복합적으로 얽혀 있는 유산을 가리킨다.
한국의 문화유산으로는 석굴암·불국사, 창덕궁, 고인돌 유적 등이 있으며, 자연유산으로는 제주 화산섬과 용암 동굴, 서해안 갯벌

이 대표적이다. 복합 유산은 설악산이나 북한에 속해 있는 금강산이 대표적이다.

### 3. (모범 답안)

'한국인의 글자' 한글은 과학적이고 체계적인 문자로 그 우수성은 세계적으로 인정받고 있다. 한글의 우수성은 매우 많지만 가장 중요한 것은 우선 매우 과학적이고 합리적이며, 효율적이며 체계적인 글자라는 점이다. 한글은 자음 19개와 모음 21개로 자음과 모음의 결합만으로 수많은 단어를 만들고 표현할 수 있다. 자음과 모음만으로 자연의 모든 소리들을 정확하게 표현할 수 있어 발음과 문자가 일치한다는 것도 한글의 우수성이다. 뿐만 아니라 하나의 자음과 하나의 모음 결합으로 정확하게 하나의 발음으로 표현할 수 있으며, 'ㄱ'에 획을 더해 'ㅋ'과 'ㄲ'을 만드는 등 매우 체계적인 규칙을 따르고 있다. 유네스코가 1997년 한글을 세계 기록 유산으로 등재한 것도 이러한 한글의 가치를 인정한 것이며, 영국의 옥스퍼드대학교 언어학 연구에서는 세계의 모든 문자 가운데 한글이 가장 과학적이고 체계적이라고 평가한 것에서도 한글의 우수성을 알 수 있다.

### 제10강

**1.** 광복절

**2.** ④

### 3. (모범 답안)

기념일은 일반적으로 각국의 정부가 주관하여 전국적 또는 지역적 규모의 의식 및 그와 관련한 행사 등을 진행하는 날이다. 기념일에는 소비자의 날, 여성의 날, 가정의 날, 인구의 날 등과 같이 국제 기념일과 날짜를 맞춰 진행하는 경우도 있다. 여러분의 나라에는 어떤 기념일이 있는지 한국의 기념일과 비교해 보자.

### 제11강

**1.** (1) 관례(계례)
  (2) 상례(장례)
  (3) 검은색

### 2. (모범 답안)

옛날 한국인들이 아이의 백일 떡을 여러 사람들에게 나누어 주는 이유는 백 사람('많은 사람들'이라는 의미)과 나누어 먹어야 아기가 장수한다고 믿고 있었기 때문이다.

### 3. (모범 답안)

결혼은 인생에서 가장 의미 있는 통과 의례 가운데 하나이다. 하지만 시대에 따라 결혼 형식은 많이 달라지고 있다. 유교 사상을 받아들인 한국은 결혼을 단순한 부부 간의 결합을 넘어 두 가문이 하나로 합쳐지는 중요한 의례로 인식해 왔다.

이 때문에 전통 혼례에서의 결혼식과 결혼 과정은 최고의 예를 차려 진행해 왔다. 바로 서로 결혼을 의논하는 '의혼', 신랑 집에서 신부 집으로 청혼을 하는 '납채', 마찬가지로 신랑 집에서 신부 집으로 예물을 보내는 '납폐', 결혼식을 치르는 '친영'의 순서 등이 이를 뒷받침하고 있다.

그러나 서양의 문물과 사상이 한국 사회에

도 보편화하면서 1950년대부터 전통 혼례보다 절차가 더욱더 간편한 새로운 방식의 결혼식이 유행하기 시작했다. 결혼식 장소도 신부 집에서 결혼식장으로, 더 나아가 개인이 선호하는 장소로 바뀌게 되었다. 결혼식을 주관하는 '주례' 역시 지역 사회의 유명인이나 학창 시절의 선생님, 직장의 상관이 맡는 것이 보통이었으나 최근에는 부모님이 이를 대신하거나 아예 주례 없이 진행하기도 하는 등 시대와 상황에 따라 그 절차를 달리하면서 결혼의 의미를 되살리고 있다.

## 4. (모범 답안)

통과 의례(通過儀禮)란 한 사람의 출생으로부터 성장, 죽음에 이르는 모든 과정에 나타난다. 즉, 동일한 문화에서 오랜 기간 일정한 과정을 통과하기 위한 공통의 의례를 따라온 것이다. 이러한 통과 의례는 어느 국가에서나 있지만 출생, 성인, 결혼, 죽음 등에 대한 의례나 절차 등은 차이가 있다. 그럼에도 불구하고 통과 의례는 인간이 성장하는 과정에서 기존 단계에서 다음 단계로 들어가는 것에 대한 새로운 의미를 부여하는 의례이다. 한 개인이 한 집단을 떠나 다른 집단으로 들어갈 때 발생하면서 인간의 사회적 지위(status in society)에도 중대한 변화가 생기게 된다. 여러분 나라의 통과 의례가 한국의 통과 의례와 같은 점, 다른 점을 이야기해 보자.



## 1. (모범 답안)

오늘날 한국 젊은이들의 연애관은 매우 개방적이고 현실적이다. 인터넷을 통한 정보 공유와 개인의 국제적 활동 등으로 인해 결혼이나 연애에 대한 생각이 서구화되고 있다. 예전에는 남성이 연애를 주도하였으나 최근에는 남녀 모두 이성과의 만남에 매우 적극적이다. 상대를 쉽게 만나고 쉽게 헤어지기도 한다. 물론 많은 한국 젊은이들은 더욱 신중하게 연애 상대자를 선택하는 경향이 있다. 여러분 나라의 젊은이들의 연애관은 어떤지 한국 젊은이들의 연애관과 비교해 보자.

## 2. (모범 답안)

경제적으로 안정된 고정직을 선호하는 사람들이 많다. 이러한 이유는 사회적 기대와 문화적 가치관, 가족과의 관계, 정년 보장과 복지 혜택 등 여러 이유가 있지만, IMF(International Monetary Fund, 국제통화기금) 외환 위기와도 관련이 있다. 1997년 동남아로부터 시작된 외환 위기는 한국 경제계의 대대적인 구조 조정으로 이어지는 등 평생 직장이라는 개념이 사라지면서 큰 충격을 주었고, 이후 한국 사회에서 안정된 직업을 선호하는 경향이 더욱 강해졌다. 특히 경제적 불안정성을 몸소 경험한 세대들에게 직업 선택에서 안정성을 중시하는 가치관을 확립하게 만든 중요한 계기가 되었다.

## 3. (모범 답안)

한국인이 선호하는 직업은 안정성이 가장 중요한 특징이다. 경제적 불확실성이나 위기 상황에서 직장의 안정성을 중시하며, 정년 보장과 복지 혜택을 제공하는 직업이 선호된다. 또한, 사회적 지위와 명예가 중요한 요소로 작용하여, 의사, 변호사, 공무원과 같은 직업은 높은 존경을 받는다. 최근에는 고소득과 자율성을 갖춘 IT 전문가나 창업가 등도 인기를 끌고 있으며, 일과 삶의 균형을 중요시하는 경향이 강해졌다. 마지막으로, 가족의 기대와 사회적 인정도 큰 영향을 미쳐, 안정적이고 사회적 평가가 좋은 직업을 선호하는 경향이 강하다. 여러분 나라의 사람들은 어떤 직업을 선호하는지 이야기해 보자.

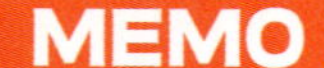

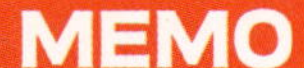